novum pro

Otto Müller-Hofer

Seelisch kranke Menschen wurden krank gemacht

Lasst mich doch wieder Mensch sein!

www.novumverlag.com

Bibliografische Information der Deutschen Nationalbibliothek:

Die Deutsche Nationalbibliothek verzeichnet diese Publikation in der Deutschen Nationalbibliografie. Detaillierte bibliografische Daten sind im Internet über http://www.d-nb.de abrufbar.

Alle Rechte der Verbreitung, auch durch Film, Funk und Fernsehen, fotomechanische Wiedergabe, Tonträger, elektronische Datenträger und auszugsweisen Nachdruck, sind vorbehalten.

© 2015 novum Verlag

ISBN 978-3-99048-192-9
Lektorat: Volker Wieckhorst
Umschlagfoto:
Alexandr Demeshko | Dreamstime.com
Umschlaggestaltung, Layout & Satz:
novum Verlag

Gedruckt in der Europäischen Union auf umweltfreundlichem, chlor- und säurefrei gebleichtem Papier.

www.novumverlag.com

Inhaltsverzeichnis

Was war vor der Psychiatrie?	7
Wie lebten die Kranken im Asyl oder Hospiz?	9
Überfüllte Krankenanstalten	14
Der große Sprung in die heutige Zeit	16
Kurze Einführung	17
Klaus und seine Kollegen	23
Silvia und verschiedene Ansichten über die „Krankheit Schizophrenie"	34
Dazu ein kurzes Beispiel	54
Kurt und die Angst seiner Kolleginnen und Kollegen	71
Susi und der Autounfall	82
Peter	97
Ferien in Südfrankreich	114
Toni, der ehemalige Bankdirektor oder vom Chef zum Sozialfall	121
Sonja und die Beziehung zu Gott und die Placebo-Tablette	135
Was ist eine Psychose?	154
Hans und seine Mutter	165
Therapie	177
Irene und die hoch geachteten Männer	184
Und nun das bittere Ende	197
Literatur	200

Was war vor der Psychiatrie?

Die Darstellung eines Mitglieds des britischen Unterhauses aus dem Jahre 1817 lautet folgendermaßen: „Es gibt nichts Schockierenderes als Idioten in der Hütte eines irischen Landarbeiters. Werden ein kräftiger Mann oder eine Frau von Beschwerden befallen, bleibt den Angehörigen nichts anderes übrig, als ein Loch in den Boden der Hütte zu graben, nicht so tief, als dass ein Mensch aufrecht darin stehen könnte, mit einem Lattengerüst darüber, damit er nicht herausklettern kann. Das Loch ist ungefähr einen Meter fünfzig tief, dorthin reichen sie dem bedauernswerten Wesen die Mahlzeit, und dort stirbt er im Allgemeinen."[1]

Im Kanton Fribourg (Schweiz) wurden folgende Feststellungen gemacht, bevor man ein Asyl für Kranke errichtete: „Ein Fünftel der 164 entdeckten Erkrankten war von der Familie völlig entmündigt und in zumeist ungeheizten Räumen und Ställen eingesperrt worden, in engen, dunkeln, feuchten, stinkenden Verließen. Sie lagen in ihren eigenen Exkrementen auf Stroh, die Gesichter von Fliegen umschwärmt."[2]

Der Marinechirug Louis Caradac, der sich in der Bretagne niederließ, schreibt 1860: „In unsren ländlichen Gebieten, wo die Menschen noch von absurden Vorurteilen durchdrungen sind, betrachtet das Volk Wahnsinn in der Familie als etwas, dessen man sich schämen muss, und ist nicht bereit, die betroffenen Personen ins Asyl zu schicken. Das ist der eigentliche Beweggrund für unsere Bauern, diese armen und gequälten Menschen zu Hause zu behalten. Ist der Irre friedlich, lassen ihn die Leute üblicherweise frei herumlaufen. Aber wenn er tobt oder Schwierigkeiten macht, wird er in einer Ecke des Stalls oder in einem abgelegenen Raum angekettet, wohin ihm dann täglich eine Mahlzeit gebracht wird … Das geschieht auf dem

Lande ziemlich häufig, und oft können Jahre vergehen, bis die Behörden von diesen Verbrechen Kenntnis erhalten."³

In England waren die Kranken, falls sie nicht im eigenen Hause angekettet wurden, in einem Arbeits- oder Armenhaus an Pflöcke gekettet.

Die Sozialreformerin Dorothea Dix fand 1840 in Lincoln „eine Frau in einem Käfig, in Medford einen Schwachsinnigen in Ketten und eine weitere, die seit 17 Jahren in einer verschlossenen Pferdebox gehalten wurde; in Barnstable vier weitere Frauen in Pferchen und Boxen. Von zwei weiß sie sicher, dass sie angekettet waren, aber ich glaube, sie waren es alle."⁴

Wie lebten die Kranken im Asyl oder Hospiz?

Asyle kannte man bereits im Mittelalter, sie waren absolut keine Neuerfindung des 18. Jahrhunderts. In den Städten gab es Asyle, die ausschließlich Geisteskranken zur Verfügung standen. Es gab Hospize für Kranke und Vagabunden, Gefängnisse für Kriminelle. Die Asyle für Geisteskranke waren aber reine Verwahrungsanstalten. Therapien, wie wir sie heute kennen, waren gänzlich unbekannt.

Johannes Reil, Ordinarius für Medizin in Halle, beschrieb die üblichen psychiatrischen Internierungsmethoden, die in Deutschland um 1800 zeitgemäß waren. „Wir sperren diese unglücklichen Geschöpfe gleich Verbrechern in Tollkolben, ausgestorbene Gefängnisse, neben den Schlupflöchern der Eulen in öde Klüfte über den Stadttoren, wohin nie ein mitleidiger Blick des Menschenfreundes dringt, und lassen sie, angeschmiedet an Ketten, in ihrem eigenen Unrat verfaulen."[5]

Der Arzt Müller von Würzburg schrieb, dass jeder Mediziner im späteren 18. Jahrhundert wusste, wie wenig ein Medizinstudent über die Geisteskrankheiten lernen konnte und wie die Psychiatrie vernachlässigt wurde.

Die Geschichte der Psychiatrie begann in Amerika wie in Europa mit Verwahrungsanstalten. Mit Institutionen für die Versorgung von aufsässigen oder tobsüchtigen Menschen. Aber erst die Auffindung, dass diese Institutionen auch eine therapeutische Funktion haben sollten, führte zum Beginn der Psychiatrie, einer eigenständigen Disziplin der Medizin.

Der erste Psychiater, der den therapeutischen Nutzen von Anstaltsaufenthalten erkannte, war der Mediziner William Battie. Battie nannte man auch „den führenden Psychiater der damaligen Zeit".[6]

Battie zitiert einen Kollegen: „Führung hat viel mehr bewirkt als Medizin (sehr gute Einstellung schon in früheren Zeiten), und die Erfahrung hat mich gelehrt, dass oft allein schon die Absonderung (gemeint von seinem gewohnten Umfeld) für seine Genesung ausreicht, immer aber so grundsätzlich notwendig ist, dass ohne sie jede bislang für die Heilung von Irresein angewandte Methode erfolglos bleiben musste."[7]

Battie weiß aber auch: „Irresein ist ebenso behandelbar wie viele andere Unpässlichkeiten, die gleichermaßen schrecklich und hartnäckig sind und dennoch nicht als unheilbar betrachtet werden; diese unglücklichen Subjekte dürfen keinesfalls aufgegeben werden, und schon gar nicht darf man sie wie Kriminelle oder gesellschaftliche Übel in ekelerregenden Gefängnissen zum Schweigen verurteilen."[8]

Diese Erkenntnis ist für das 18. Jahrhundert absolut als fortschrittlich anzuerkennen und zu loben. Obwohl Batties Ansichten vielfach einfach übergangen wurden, ist er doch derjenige, der die Psychiatrie einleitete. Ich möchte gerne sagen: Er ist der Vater der Psychiatrie.

Wichtige Ärzte, die die Psychiatrie gefördert haben, sind der Italiener Vincenzo Chiarugi, der Franzose Pinel. Chiarugi nahm den Patienten die Ketten ab. Pinel ersetzte diese durch die Zwangsjacke. Pinel wurde sehr berühmt, da es hieß, er habe 1793 den Irren in Bicêtre die Ketten abgenommen. In Wirklichkeit war es aber der Krankenhausdirektor Jean Baptiste Pussin, der diese Anordnung traf.

Bedeutung erlangte Pinel durch sein Lehrbuch, welches 1801 erschien und in dem er schrieb: „Es gibt wohlbegründete Hoffnung, dass man Individuen, die als hoffnungslose Fälle gelten, in die Gesellschaft zurück führen kann. Unsere emsige und unermüdliche Aufmerksamkeit muss jenen unzähligen gemütsgestörten Patienten gelten, die konvaleszieren oder wenigstens lichte Momente haben; diese Gruppe sollte in einer abgetrennten Abteilung des

Hospizes untergebracht werden und einer psychologischen Behandlung unterzogen werden, welche dem Zweck dient, die Fähigkeiten ihres Verstandes zu entwickeln und zu schärfen."[9]

Die moderne Psychiatrie beginnt mit Pinel. Er ging fürsorglich mit seinen Patienten um. Er beruhigte sie mit warmen Bädern und mit Arbeiten, und mit anderen Aktivitäten verbrachten sie sinnvolle Zeit.[10]

Der Schüler Pinels, Jean-Etienne Esquirol, machte sich mit seiner Dissertation 1802 über die Rolle von „Passionen bei Geisteskranken" einen Namen.

Reil, Pinel und Chiarugi waren mit den verschiedenen therapeutischen Programmen nicht immer einer Meinung (das waren Freud und Jung auch nicht), aber sie bildeten einen mitteleuropäischen Sonderweg bei dem Versuch, die Psychiatrie in eine Heilkunst umzugestalten.

1965 wurde Benjamin Rush, der Arzt in Philadelphia war, von der American Psychiatric Association zum „Vater der amerikanischen Psychiatrie" ernannt. Er war Oberarzt im Pensylvania Hospital und war mit seinen europäischen Kollegen einverstanden, dass die Ursprünge jeder Geisteskrankheit im Gehirn lägen. Er schrieb 1786: „Menschen, die unter der Zerrüttung oder dem Unvermögen ihrer Geistesgaben leiden, werden völlig zu Recht als Objekte der Medizin betrachtet; im übrigen sind viele Fälle aufgezeichnet, die beweisen, dass sich ihre Leiden der Heilkunst fügen."[11]

In seinem psychiatrischen Lehrbuch von 1812 schreibt er dann: „Die Ursache von Irresein ist in erster Linie in den Blutbahnen des Gehirns zu finden und hängt von denselben pathologischen und unregelmässigen Vorgängen ab, die auch zu anderen arteriellen Krankheiten führen."[12]

Rushs Parteigänger haben behauptet, dass seine gelegentlichen Betrachtungen über das sittliche Empfinden spätere psychologische Therapien vorweggenommen hätten. Doch in Wahrheit war psychologische Sensibilität seiner eigenen Praxis kaum anzumerken. Ein Mediziner, der das Pensylvania Hospital besucht hatte, erinnerte sich 1787 an Rushs Visiten. „Als nächstes warfen wir einen Blick auf die Irren. Ihre Zellen lagen im Untergeschoss, das sich teilweise unter der Erde befindet. Diese Zellen sind etwa drei Quadratmeter gross und so massiv verstärkt, wie in einem Karzer … In jeder Türe befindet sich ein Loch, das gross genug ist, um Mahlzeiten und andere Dinge hereinzureichen, und das mit einem von starken Riegeln gesicherten Türchen verschlossen wird. Die meisten Patienten lagen einfach auf Stroh. Einige von ihnen waren ausserordentlich aufgebracht und tobten in ihrer fast vollständigen oder ganzen Nacktheit."[13]

Rush beschreibt in seinem Lehrbuch auf beschauliche Weise: „Die Patienten bekommen wieder einen Geschmack von den Segnungen der frischen Luft, des Lichts und der Bewegung bei wohltuenden sommerlichen Spaziergängen im Schatten. Sie haben ihr menschliches Ansehen wieder erlangt und damit auch ihre lang vergessenen Beziehungen zu Freunden und der Gesellschaft."[14]

Rushs Schriften und Taten scheinen doch nicht so genau übereinzustimmen. Dem Schizophrenen wird vorgeworfen, dass Wunschtraum und Realität nicht unterschieden werden könne. Leidet Rush am selben Symptom? Dennoch soll er der Begründer der Psychiatrie sein. Ist es heute im Allgemeinen nicht auch so, dass Versprechungen oft nicht mit den Ergebnissen übereinstimmen? Und dies gerade in der heutigen Psychiatrie.

Die Anstalten waren und sind auch heute maßlos überfüllt. 1885 war der Schweizer Psychiater Adolf Meyer im Asyl von Wocester, der Geburtsstätte der amerikanischen, staatlich verantworteten Therapie. Dort waren vier Ärzte für 1200 Patienten verantwortlich und zudem hatten sie 600 Neuzuzüge pro Jahr zu bewältigen. Ein Arzt musste 300 Patienten betreuen. Überfüllt sind auch unsere heutigen Kliniken, aber einen solchen Zustand kennen wir doch nicht, obwohl auch aus Spar- und anderen Maßnahmen gutes Personal fehlt.

Auch in Deutschland waren alle Anstalten überfüllt. „Bettenmangel wurde zum ständigen Problem aller Gesundheitsbehörden", schreibt 1911 ein Arzt.[15]

Montagu Lomax, der 350 bis 400 Patienten behandelte, schrieb: „Unsere Anstalten verwahren, aber ganz gewiss heilen sie nicht. Und wenn sie einmal einen Heilerfolg haben, dann nur durch Zufall oder Trotz, nicht wegen des Systems." Weiter: „Falls auf Heilung ausgerichtete Methoden als Pflicht eines Anstaltsarztes betrachtet werden, so kann ich nur sagen, dass ich während meiner gesamten Dienstzeit keinen Hinweis habe. Staatliche Anstalten dienen im Wesentlichen nur noch dazu, Irre zu verwahren, nicht, sie zu heilen."[16]

Überfüllte Krankenanstalten

Arme und mittellose Familien mussten vorerst ihre Kranken zu Hause behalten. Julius Wangber-Jauregg schrieb 1901: „Wenn Arme ihre geisteskranken Verwandten über eine beträchtliche Zeit in ihren überfüllten Unterkünften versorgen müssen, leiden viele Familienmitglieder unter der ständigen Unterbrechung ihrer Nachtruhe. Sie sind durch das Verhalten der Patienten permanent verängstigt und aufgebracht, können sich jedoch keine angemessene medizinische Versorgung leisten, weil Geld knapp ist. Es kommt zur Krise. Diese Menschen tragen die Last der überfüllten Anstalten."[17]

Die Pflege der Kranken war weitgehend in den Händen der Familie, die natürlich nach einiger Zeit mit den Irren überfordert waren.

Aus Statistiken ist zu ersehen, dass sich die Familie schneller von einem Kranken lösen konnte, je stärker der Familienfriede gestört wurde.

Überfüllte Krankenhäuser gab es auch, weil die Leidenden aus Gefängnissen und Armenhäusern in diese Anstalten überwiesen wurden. „Einweisungen von hilflosen, chronischen Fällen aus den Armenhäusern, die eine besondere Pflege bedürfen, gab es nicht wenige. Manch einer beklagte nun, dass die Asyle mit diesen Fällen nur belastet würden; doch ich für meinen Teil bin hoch erfreut bei dem Gedanken, dass die uns zur Betreuung und Pflege dieser armen und gequälten Kranken zur Verfügung stehenden Mittel trefflich und vorteilhaft zur Linderung der schweren Last ihres Leidens angewendet werden können."[18]

Ein weiterer Punkt war, dass die Zunahme von Geisteskrankheiten während des 19. Jahrhunderts enorm zunahm und der Run auf die Anstalten sehr groß war. Ein Grund der starken Zunahme der Kranken war die Neurosyphilis. In der Napoleonischen Zeit begann sich diese auch in Deutschland und in der Schweiz epidemisch auszubreiten. Zu dieser Zeit kannte man das Penizillin eben noch nicht. Ebenfalls verbreitete sich auch der Alkoholismus unheimlich schnell. So kam es dann auch, dass Personen mit Alkoholvergiftungen in Irrenanstalten eingewiesen wurden.

Kranke, die als schizophren bezeichnet werden könnten, erscheinen um 1809. Diese Meinung stammt von Pinel in Frankreich und Haslam aus England. „Es gibt eine Art Irrsinn, die bei jungen Menschen auftritt und mit Gedächtnisschwund kombiniert ist. Das Empfindungsvermögen scheint beträchtlich abgestumpft; sie hegen nicht mehr die gleiche Zuneigung zu ihren Eltern und Verwandten. Sie verloren das Interesse an ihren Freunden, konnten nicht nacherzählen, was sie gerade gelesen hatten, und nicht mehr ein oder zwei Sätze zu Papier bringen. Je mehr ihre Apathie zunimmt, desto nachlässiger werden sie, was ihre Kleidung und persönliche Reinlichkeit betrifft. Es kann sogar zu unwillkürlichen Harn- und Stuhlentleerungen kommen. Ich musste schmerzlich berührt diese hoffnungslose und entwürdigende Verwandlung junger Männer ansehen. In kurzer Zeit wurde aus dem vielversprechenden und kraftvollen Geist ein sabbernder und aufgedunsener Idiot."[19]

Nach 1914 erklärte der Berliner Neuropathologe Moritz Romberg, dass die Neurosyphilis nach den großen militärischen Feldzügen zugenommen habe. Er nannte sie „Tabes dorsales".

Der große Sprung in die heutige Zeit

Machen wir nun einen ganz großen Sprung in die heutige Zeit. Prof. Dr. med. Manfred Bleuler schrieb in seinem „Persönlichen Vorwort für Medizinstudenten": „Fürchte Dich nicht vor der Psychiatrie. Die Psychiatrie ist in ihrem Wesen einfach und menschlich. Mit gesundem Verstand, etwas Lebenserfahrung und mit warmem Herzen sind ihre Grundlagen leicht zu erfassen. Alles was Ihnen in der Psychiatrie kompliziert vorkommt, ist nicht gar so wichtig, und oft ist es bloß übertrieben kompliziert ausgedrückt.

Eine Übersicht über psychische Störungen lässt sich in wenigen Sätzen vermitteln.

Einen wichtigen Teil psychischer Erkrankungen können wir am besten als die natürliche Folge seelischen Leidens, seelischer Entbehrungen oder seelischer Spannungen verstehen, von Kümmernissen aller Art, die den Kümmernissen Gesunder wesensgleich sind (psychogene Störungen). Ihre Verwurzelung im Körperlichen liegt jenseits von allem, was uns biologische und anatomische Studien lehren. Es handelt sich um krankhafte Übersteigerungen dessen, was Sie bereits kennen: z. B. dass man traurig ist, wenn man einen lieben Menschen verliert, dass Angst und Schrecken uns erstarren lassen oder unsere Knie zum Schlottern bringen, dass eine Kette von Enttäuschungen und Versagung unserer Spannkraft und Lebensfreude zermürben und unseren Charakter verändern kann. Ein anderer wichtiger Teil psychischer Störungen hängt von körperlichen Erkrankungen ab, die sie Hirnfunktion stören."[20]

Meine jahrelange Zusammenarbeit mit Prof. Dr. med. Manfred Bleuler zeigte mir immer wieder, wie er als Arzt „mit warmem Herzen" seinen Patienten begegnete. Sein Beispiel und seine Schulung ermunterten mich auch zu meinen folgenden Ausführungen.

Kurze Einführung

Alle unsere Mitbewohner kamen mit dem Etikett Schizophrenie zu uns. Dieser Begriff wurde Anfangs dieses Jahrhunderts von dem Schweizer Psychiater Eugen Bleuler (Vater von Prof. Manfred Bleuler) eingeführt.

Meine Frau und ich verbrachten sehr schöne Zeiten mit unseren psychisch verletzen Frauen und Männern. Wir wohnten, lebten, freuten, trösteten, lachten und weinten zusammen. Wir beide, und dann auch unsere Mitarbeiter, waren von unserer Arbeit voll erfüllt. Wir bekamen Einsicht in viele Schicksale und etliche merkwürdige Erlebnisse, von denen Sie einige kennen-lernen. Wir lernten auch viele Vorurteile, ungenaue, zum Teil sehr oberflächliche Diagnosen, kennen.

Grundsätzlich gibt es wenige Wohnstätten, in denen junge Frauen und Männer mit psychischen Schwierigkeiten Aufnahme finden. Es war uns (meiner Frau und mir) ein Anliegen, Menschen, deren seelischen Schwierigkeiten und Verletzungen tiefer liegen, aufzunehmen, um ihnen eine längere Zeit zur Rehabilitation zur Verfügung zu stellen. Der Zweck unseres Hauses bestand darin, die jungen Menschen zu betreuen, sinnvoll zu beschäftigen und wieder in die Gesellschaft einzugliedern. Alle unsere Bewohner waren seelisch leidende Menschen, die keinen Klinikaufenthalt mehr benötigten oder die man in der Klinik nicht mehr haben wollte, aber sie konnten nicht ohne fremde Hilfe leben. Ein individuelles Förderprogramm, welches mit dem einzelnen Bewohner erarbeitet wurde, eine feste Tagesstruktur, die dem Mitbewohner angepasst ist, Aufarbeitung und mögliche Änderung des Lebensstils und die Ermöglichung des Wiedereinstieges in eine normale Situation sind die Ziele des gemeinsamen Arbeitens.

Jeder Pensionär kann in der persönlichen Auseinandersetzung mit der Gruppe und den Mitarbeitern lernen, tragfähige Beziehungen aufzubauen, eigene Ziele zu formulieren und zu verwirklichen. Ein familiäres Klima soll Geborgenheit und Halt vermitteln. Die persönlich angepasste Tagesstruktur und vielfältige Angebote fördern die Genesung und geben Mut zu neuen Schritten. Das Ziel ist eine einfühlsame praktische Hilfe zur Rückkehr in den alltäglichen Lebensalltag. Problemerfassung, Behandlung und Betreuung erfolgten nach zeitgemäßen Erkenntnissen und bewährten Formen pädagogischer und psychotherapeutischer Hilfen. Der Alltag wird durch ein gutes therapeutisches Milieu bestimmt. Dazu gehörten gemeinsam leben und sich beschäftigen, zusammen lachen und weinen, sich ärgern und freuen. Bei der Begegnung werden entstehende Konflikte gemeinsam bearbeitet.

Nie war ein Mangel an Mitbewohnern zu verzeichnen. Im Gegenteil, oft konnten gar nicht alle Anmeldungen berücksichtigt werden. So ist es nicht verwunderlich, dass sich unser „Haus zur Rebe", so nannte sich unsere Institution, die übrigens ohne jegliche Subventionen arbeitete, vergrößerte und immer mehr Raum benötige. Schlussendlich wurden aus einem Wohngebäude deren vier. Weitere Häuser mussten angegliedert werden, damit auch eine familienähnliche Wohnsituation angeboten werden konnte. Sechs bis sieben Personen bewohnten zusammen ein Haus, welches sie selbst in Ordnung halten und auch ihre Mahlzeiten selber zubereiten mussten. Nur das Nachtessen nahmen alle gemeinsam ein. Dies verhinderte eine Absonderung einzelner, und die ganze Gruppe traf sich doch einmal am Tage.

Ebenfalls gemeinsam wurden einzelne Aktivitäten unternommen. Nach der Hausarbeit wurde je nach Können und Veranlagung an verschiedenen Orten gearbeitet. Spaziergänge und Ausflüge werden durchgeführt oder Ausstellungen, Kino oder Theater besucht. Wichtig ist, dass Menschen, die für kürzere oder gar längere Zeit hospitalisiert waren, wieder mit der Öffentlichkeit in Kontakt kommen und dadurch lernen, Hemmungen gegenüber der Umwelt und den Mitmenschen abzubauen.

Dies alles tönt sehr einfach, und man könnte sich vielleicht denken, dass die Bewohner des „Hauses zur Rebe" eigentlich ein sehr angenehmes Leben führten. Dem ist aber nicht so. Es sind Ängste da, die einen Schritt an die Öffentlichkeit fast unmöglich machen. Der Schritt nach außen konnte zur Qual werden und möglicherweise in eine tiefe Depression führen. Hier ist es Aufgabe der Gesamtleitung und jedes einzelnen Mitarbeiters, das richtige Maß und den richtigen Einstieg zu finden. Es war eine sehr schöne, aber auch harte Arbeit, die wir auf keinen Fall vermissen möchten.

Damit man den Schluss dieses Buches verstehen kann, muss ich jetzt einfügen: Am 15. März 1995 wurde das „Haus zur Rebe", das seit 1986 als eine AG und Einzelfirma bestand, in einen Verein „Christlich sozialtherapeutischer Wohngruppen, Haus zur Rebe" umgewandelt. Was unser größter Fehler war.

Jetzt zurück zu unseren Patienten.

Schizophrenie zeigt kein einheitliches Krankheitsbild, und sie kann sogar bei demselben Kranken zu unterschiedlichen Zeiten sehr unterschiedlich verlaufen. Die Psychiatrie spricht von Bewusstseinsspaltung. Damit meint man, dass das Erleben des Erkrankten geteilt ist in die Wahrnehmung der Realität, wie sie ist, und in die Wahrnehmung einer scheinbaren, einer eingebildeten Realität. Bei akuter Überforderung des Gehirns, was durch den Wahrnehmungsstress verursacht werden kann, werden alle Dinge, zumindest viele Dinge, die um einem herum passieren – oder scheinbar passieren –, auf die eigene Person bezogen und fehlinterpretiert. In diesem Moment ist der Betroffene in eine Falle geraten und wandelt auf Spuren des Wahns. Sein Verstand bleibt ihm aber – und dadurch ist er auch therapierbar. Die genauen Ursachen der Krankheit sind noch heute nicht genau bekannt. Es gibt verschiedene Erklärungsversuche, aber keine schlüssigen Beweise.

Rosmarie Stein schreibt: „Ein Schizophrenieforscher ähnelt einem Menschen, der in einem dunklen Raum eine Katze fangen will, aber nicht einmal weiß, ob das, was sich bewegt, überhaupt eine Katze ist oder ob es vielleicht zwei, drei oder mehr sind. Dieser Vergleich drängt sich dem Außenstehenden auf, der Einblick in eine ‚Forschungswerkstatt der Zeit' nehmen konnte, in der mit ungewöhnlicher Offenheit alle Schwierigkeiten und Misserfolge der Ursachenforschung diskutiert werden."²¹

Wenn man die Schizophrenie erforschen will, kommt einem die Geschichte von dem Mann in den Sinn, der nachts seinen Hausschlüssel verloren hatte und diesen unter der Straßenpampe suchte, nicht weil er ihn dort verloren hatte, sondern weil es dort so schön hell war.

Von einer Erbkrankheit im engeren Sinne kann auch nicht gesprochen werden. Es gibt Hinweise, dass die Veranlagung zur Schizophrenie – zur Vulnerabilität (Verletzlichkeit) – familiär bedingt sein könnte. Um das zu beweisen, müsste aber die Anamnese der Eltern, Großeltern und Urgroßeltern sehr genau vorliegen. Dann könnte man mit Bestimmtheit auch feststellen, dass diese Vorahnen auch ihre seelischen Verletzungen erlitten hatten.

Bei allen unseren Klienten konnten wir feststellen, dass der Diagnose Schizophrenie eine ganz schwere seelische Verletzung vorausgegangen ist. Dass durch diese Verletzungen sich die verschiedenen Menschen immer abkapseln, ja, beinahe fest einbetoniert haben. Die medikamentöse Behandlung dieser Menschen hat dann noch zur Verschlimmerung des geistigen Zustandes beigetragen – was wir später noch deutlich sehen werden. Aus dieser meist langen Vereinsamung heraus brechen die seelisch verletzten Gefühle dann noch vielfach erst in der Pubertät oder später aus.

Ich spreche nicht gerne von Schizophrenie, da dieses Krankheitsbild wissenschaftlich noch nicht genau abgesichert werden konnte, sondern ich spreche von schweren, tiefen, von sehr krankmachenden seelischen Verletzungen. Alles, was unsere jungen Frauen und Männer erlebt haben, wird meine Meinung bestätigen. Bei mir steigt dann die Frage auf: Muss man die Familie und die nächste Umgebung nicht verantwortlich machen, dass diese blühenden, jungen Menschen zu seelischen Krüppeln gemacht werden?

Die Stigmatisierung psychisch schwer verletzter Menschen, das heißt die öffentliche Brandmarkung bringt für die Betroffenen weitere Beschwerden, nämlich Erniedrigung, Diffamierung, Ausgrenzung und Missachtung jeglicher seelischen Gefühle. Die sogenannten psychisch Kranken erhalten eine Vorverurteilung mit schwerwiegenden Folgen wie soziale Isolation und Diskriminierung. Sie werden oft behandelt, als ob sie gefährlich seien – moderne Aussätzige. Die Isolation geht so weit, dass sie aus gewöhnlichen Wohngebieten ausgeschlossen werden, geschweige denn noch eine Wohnung oder nur ein Zimmer bekommen. Personen mit einer körperlichen Behinderung oder mit einer Verhaltensauffälligkeit werden mit einem sozialen Stigma besonders hoch belastet. Wie schon erwähnt, diese Personen erleiden Verluste an Prestige, Wertschätzung, Anerkennung und Zuwendung.

Durch die Stigmatisierung als Verrückte (ver-rückt, gleich verrücken) werden sie an den Rand der Gesellschaft gedrängt. Die Vorstellung, dass tief verletzte Menschen oder eben schizophrene Patienten keine Persönlichkeit hätten, ist eine falsche Annahme. Die Meinung über diese Mitmenschen ist:
- geistig zurückgeblieben
- unberechenbar und gefährlich
- nicht zurechnungsfähig
- können keine Lebensentscheidungen treffen
- außerdem sei Schizophrenie ansteckend

Diese Vorurteile führen Menschen in die Isolation und bei vielen Ärzten, Angehörigen und Freunden zur Meinung, dass die Heilungschancen sehr gering seien.

Sehr gefährlich für diese verletzten Menschen ist, dass die Konfliktsituationen wie Angst, Depressionen, Rückzug aus der Familie und von Freunden, Veränderungen von persönlichen Gewohnheiten zu spät erkannt werden und damit für eine Therapie, die einen günstigen Einfluss auf den Krankheitsverlauf nehmen könnte, viel zu spät eingesetzt werden kann.

Bevor ich nun die einzelnen Schicksalsschläge unserer Hausgenossen bespreche, möchte ich Folgendes sagen: Alle Frauen und Männer wünschten, dass wir sie mit ihrem Vornamen und nicht mit dem Nachnamen ansprechen sollten. Sie lehnten das Sie immer ab. Da es sich aber um erwachsene Menschen handelte, entsprachen wir ihrem Wunsch, indem wir sie mit ihrem Vornamen und mit „Sie" ansprachen. Also zum Beispiel: Sie, Klaus oder Sie, Silvia etc. In einzelnen Fällen wollten unsere Mitbewohner unbedingt mit Du angesprochen werden. Alle Namen sind aus Datenschutzgründen geändert.

Klaus und seine Kollegen

Bevor unser junger Mann, den wir Klaus nennen wollen, in die Ferien fuhr, übergab er meiner Frau einen Briefumschlag, auf dem zu lesen war: „Bitte genau dann aufmachen, wenn alle weggegangen sind und Sie mit Ihrem Mann allein zu Hause sind." Er wünschte wohl, dass wir seinem Brief unsere ganze Aufmerksamkeit schenken sollten. Und so lautet sein Schreiben:

„Liebe Müllers
Ich möchte in diesem Brief einiges über mein Leben erzählen.
Es soll ein sehr langer Brief werden.
Es fing an einem Tag im August 1962 an. Ich riss mich von der Nabelschnur meiner Mutter los. Ich führte hernach so lange einen Krieg im Bauch meiner Mutter, sodass wir beide beinahe gestorben wären. Per Kaiserschnitt wurde das Leben beider getrennt und gerettet. Dann irgendwann sah ich meine Mutter das erste Mal. Die erste Erinnerung an meine Mutter war im Schlafzimmer in Berlin, wo das Licht immer hell brannte, weil ich nachts dauernd alleine war. Ich zeigte alsbald erste Verhaltensstörungen. Ich pinkelte immer hinters Bett. Meine Mutter schimpfte, doch ich machte es immer wieder. Meine Schwester war auch schon auf der Welt. Mein Vater hatte viel zu tun.
Als ich sechseinhalb Jahre alt war, zogen wir in die Schweiz. Ich kam in den Kindergarten. Dort machte ich den Kollegen immer die Spielsachen kaputt. Sodass der Schulpsychologe kam. Ich zeigte mich bei ihm von meiner besten Seite. So wurde ich eingeschult. Ich kam nicht in die Rudolf-Steiner-Schule. Meine Mutter bekam immer mehr Mühe mit mir, aber in der Schule war ich der Beste. Plötzlich begann ich immer teuflischer zu werden. Ich beschloss, die Eltern auseinanderzubringen (was nicht der Tatsache entspricht). Der Vater verreiste viel. Das schien ein Vorteil für mich zu sein. So wünschte ich eines Tages – ich kann

mich noch gut daran erinnern – meiner Mutter den Krebs. Wir wohnten mittlerweile in einem Haus. Ich sagte ihr, ich mache dich schon noch fertig und bringe dich in eine Klinik. So begann unser Verhältnis Hassformen anzunehmen. Anderseits liebte sie mich immer noch. Sie wollte Vergebung von mir. Die gab ich ihr nicht. Im Gegenteil!

Ich ging in die Sekundarschule. Auch in der Schule gab es reinste Unfriedensorgien. Das ganze Dorf geriet bald in Angst, Schrecken und Vergrämung über mich und wie ich mich benahm. Außerdem hatte sich's herumgesprochen, was alles in unserem Haus geschah. Ich hatte die Vorliebe, über andere Menschen zu lachen. Schon wurde aus einer sich nicht bessernden Situation das Burghölzli (Psychiatrische Universitätsklinik Zürich) ins Spiel gebracht. Ich kam dann noch ins Gymnasium. Dort entdeckte ich die Liebe zur Musik (sein Vater war Komponist und Musiker). Im Gymnasium kam dann eine Lehrerin, meine Spanischlehrerin, die sich für mich interessierte. Sie nahm Kontakt mit meiner Mutter auf. Doch da wurde das gute Verhältnis zu meiner Lehrerin komplett zerstört. Da ließen sich meine Eltern ob meines Psychoterrors scheiden (Klaus meinte, der Verursacher der Trennung zu sein, weil in der Familie Klaus und seine Spanischlehrerin ein stetiges Gespräch war. Der Vater war viel unterwegs im Ausland und konnte den jungen, hübschen Frauen, die den Musiker verehrten, nicht Paroli bieten). Ich wurde von einem Tag auf den anderen aus der Familie herausgeekelt. Man versteckte alles vor mir. So kam ich in eine Klinik. Ich hatte nur Freude am Teuflischen. Religiöse Menschen bezeichneten mich als Teufel. In der Klinik wartete man auf meinen Tod. Doch der kam nicht. Sodass man mir im November 1983 (Klinikeinweisung 1981) das Hirn aus meinem Kopf zu spritzen versuchte. Ich wurde wahrhaftig zum Teufel (Die vielen Medikamente verstärken nur noch die Wahnideen von Klaus).

Plötzlich holte mich die Mutter ab und fuhr mit mir nach Hause (Tatsache ist, dass die Klinik mit Klaus nichts mehr anfangen konnte und keine Besserung in Sicht war. Man bat die Mutter, Klaus nach Hause zu holen). Sie bestimmte hernach über meine

Medikamente und meinen Körper. Ich bekam anstelle von Leponex Dapotum. Wiedereintritt in die Klinik. Ich kam in eine geschlossene Abteilung. Das ging bis 1986 im gleichen Trott so weiter. Ich hatte inzwischen einen Vormund bekommen, der mich zu ihnen brachte. Das Leben ist nichts Schönes. Das ganze Leben ist ein Elend. Man wird immer zu neuen Leistungen gepustcht. Die Elite wird immer mehr gestrafft. Die Menschen werden zu Nummern und psychisch krank. Sie werden wie die Tiere gefüttert – aber mit Medikamenten – und dann wieder an die Elite herangeführt, um wieder aufs Neue zu zerbrechen. Andere werden kriminell, um andern wegzunehmen was sie hatten, oder sie gar umzubringen. Jeder kriecht seinem Chef zu Kreuze. Anpassung und Opportunismus regieren. Alles Handeln versteckt sich hinter gutem Benehmen. Einige flüchten sich in die Religion, um das ganze Elend zu vergessen. Ich frage mich, warum es überhaupt noch Menschen gibt? Ellenbogenkämpfe, Neid, Hass, Arschkriechertum, Schleimscheißerei, zu Munde reden, Krankheiten, langes menschliches Dahinsiechen und Schwachsinn, all das gibt es, weil es Menschen gibt. Wenn man in kein Schema dieser Welt gehört, wenn man die Sprache der Menschen nicht spricht, wird man vernichtet. Ich sehe es richtig. Ich weiß es. Im Lehrbuch gehen die psychischen Krankheiten von einer negativen Persönlichkeit aus. Ich habe keine Fähigkeiten zu positivem Handeln und zu menschlichen Beziehungen. In mir wirkt nur noch der Selbsterhaltungstrieb. Mein Körper, der nur aus negativen, persönlichen Komponenten zusammengesetzt ist, der muss krank werden. Alle Medikamente helfen da nichts mehr. Nein, sie haben mich vernichtet."

Ist alles falsch und krankhaft, was Klaus da schreibt, der mit 16 Jahren in die Klinik kam? Woher weiß er wohl, wie es im Leben so oft zu- und hergeht? Schildert er nur Unreales oder doch auch die Realität?

Klaus erzählt uns in seinen Gedichten noch mehr.

Die Sprache der Menschen

Ich verstehe die Sprache der Menschen nicht
Und darum verstehen sie mich nicht.
Dabei sprechen alle Menschen die gleiche Sprache.
Ich habe dich getroffen.
Ich verliere dich aus meinen Augen.
Haben wir uns jemals gesehen?

Meine Gedanken

Meine Gedankenwelt ist zerbrochen.
Jeder Schritt, den ich nach vorn wage, waren zwei zurück.
So kam ich in ein Tal.
Zuerst begann es dort zu regnen,
Winde wehten,
bis mir plötzlich orkanartige Böen ins Gesicht schlugen.
Zuerst schmetterten riesige Felsbrocken auf mein Gemüt.
Heute wärmt die Sonne meine Haut,
Doch ich stecke im Sumpf meiner selbst.

Wenn man diesen Brief liest, dann bekommt man ein leichtes Frösteln. Viele Fragen tauchen beim Lesen auf. Die größte Frage aber: Wer ist krank? Ist es die Umwelt, die mitschuldig ist, oder hat nur Klaus eine Verhaltensstörung, wie er von sich selbst schreibt? Niemand kommt mit einer Verhaltensstörung auf die Welt, es sei denn, es laufe bei der Geburt etwas schief. Dann sind es aber meistens körperliche oder geistige Beschädigungen. Klaus erinnert sich an seine Mutter im Schlafzimmer in Berlich, wo nachts das Licht hell brannte, weil er allein im Hotelzimmer gelassen wurde. Zum Trotz „pinkelt" er hinters Bett. Wie hätte Klaus positives Handeln lernen können, wenn sich niemand in seiner Not und seiner Angst in der Nacht um ihn kümmert?

Wie lautet nun das psychiatrische Etikett von diesem jungen Menschen über Jahre hinweg aus der Zeit vom 22. Mai 1981?

„Paranoide – hebephrene Schizophrenie. Prozedere: längere Hospitalisation. Diese dauerte bis zum 30. April 1986. (Paranoid = Wahnvorstellung bei intakt bleibender Persönlichkeit, es könnte sich hier um einen Querulantenwahn handeln. Hebephrenie = im Jugendalter, Jugendirresein) Einfach ausgedrückt könnte es heißen: Klaus leidet an einem jugendlichen Querulantenwahn.

Was wissen wir sicher? Das Vertrauen zu seinen Eltern, im Besonderen zu seiner Mutter, ist vollkommen zerstört. Da er in einem geistig verarmten Milieu aufwachsen musste und keine Beziehungsperson hatte in der Zeit, da er dringend auf sie angewiesen gewesen wäre, begann er aus Trotz hinters Bett zu „pinkeln". Die Bestrafung seiner Mutter nahm hier den Anfang. In seiner Frühkindlichkeit nahm sich niemand Zeit für ihn. Der Vater, eben ein berühmter Komponist und Musiker, die Mutter eine eifersüchtige Frau, die ihren Mann unter Kontrolle haben wollte und gerne selber auch im Rampenlicht stand, die beiden engsten Familienmitglieder, nämlich die Eltern, die hatten in einer sehr wichtigen Lebensphase von Klaus keine Zeit für ihn. Wir hören ja den Schrei in seinem Brief: „Warum gibt es Menschen?" Warum versteht er die Sprache der Menschen nicht mehr? Die Eltern sprachen nicht mit dem Jungen und jeder in der Familie wollte etwas anderes, was ja auch zur Scheidung führte. Die Person, zu der eine engere Beziehung möglich gewesen wäre – es war seine Spanischlehrerin –, wurde Klaus brutal durch seine Mutter entzogen. Angst, Lieblosigkeit, Unsicherheit vor der Umwelt und den Mitmenschen sind seine Begleiter und lassen den jungen Mann aggressiv werden. So aggressiv, dass er meint, er sei ein Teufel. Eine Vorstellung, die zum Teufelswahn führt. Die Medikamente zerstören sein Selbstwertgefühl und sein Selbstbewusstsein vollständig. Man fand während seines sehr langen Spitalaufenthaltes kaum Zeit für eine angemessene Therapie, ihm wurde keine Behandlung zugesprochen, weil er ein hoffnungsloser Fall war. So konnte er leider keine menschliche Nähe vonseiten der Eltern noch von seiner weiteren Umgebung erfahren. Und so „schmetterten riesige Felsbrocken auf sein Gemüt", wie er das in seinem obigen Vers ausdrückt. Aber trotz der Sonne steckt er in seinem eigenen Sumpf, in seiner Vergangenheit. Aber wir hören sehr deutlich seinen Schrei nach Hilfe, nach menschlicher Wärme, nach einem Begleiter, nach Liebe, Zärtlichkeit und Menschlichkeit. Seine Frage: „Warum gibt es Menschen" ist berechtigt, denn er konnte sie nie erfahren und körperlich und geistig wahrnehmen. Lange Zeit, zu lange, waren nur die chemischen Keulen seine Begleiter, aber keine Bezugspersonen. Es wird heute sehr viel über die Gegensätze und die Zusammenarbeit von betroffenen Personen und „professionellen Helfern" debattiert. Dies besonders im Umfeld der Psychiatrie und Psychologie. Für die Betroffenen bedeutet dies aber oft eine geistige Entmündigung.

Nach sechs Jahren Klinikaufenthalt wurde der Patient vollkommen verwahrlost durch seinen Vormund zu uns gebracht. Wir mussten zuerst die meisten seiner Kleider und Schuhe vor den Augen des gesetzlichen Vertreters in den Container schmeißen. Da alles nicht mehr brauchbar, dafür verrottet und stinkig war. Keines seiner Wäschestücke wurde uns gewaschen übergeben. Es ist unbegreiflich, dass dies in der heutigen Zeit überhaupt möglich ist. Wie verlottert musste erst die Seele von Klaus sein? In einem längeren Gespräch sagte Klaus zu mir: „Die Psychiatrie ist mein Feind. Psychopharmakabehandlungen sind eine Folter – was gar nicht abwegig ist, wenn man die massiven Nebenwirkungen sieht – und die Klinik ist schlimmer als ein Gefängnis."

Der britische Psychiater Petrie Asenath und der französische Neurochirurg Jaques le Beau stellten bald nach Einführung de Neuroleptika fest, „dass deren Wirkung mit verschiedenen Hirnoperationen verglichen werden könne. Sowohl unter Chlorpromazin (Chlorazin, Largactil) als auch nach einer Leukotomie (chirurgische Durchtrennung frontothalamischer Faserverbindungen, frühere Psychochirurgie zur Schmerztherapie) sei der Behandelte an der Welt um ihn weniger interessiert."[23]

Das seelische Leiden von Klaus wurde so groß, dass die nächsten Angehörigen ihn nicht mehr betreuen wollten und auch nicht konnten. Dies ist bei vielen jugendlichen, seelisch Kranken leider auch so. Die Eltern können mit ihrem Kind nicht mehr umgehen und verstehen es immer weniger. Seine Erkrankung wurde in der Klinik nicht gelindert. Sein Selbstbewusstsein und Selbstwertgefühl wurden beinahe vollkommen vernichtet.

Tremblau führte diesen Zustand auf die zugrunde liegende Blockade der Nervenimpulsübertragung zurück. „Es werden doch Rezeptoren quasi eingefroren. Ich habe das einmal die ‚frozen depression' genannt."[24]

Als wir Klaus so weit hatten, dass er keine Medikamente mehr einnehmen musste und sein aufgewecktes ICH wieder vollkommen da war, konnten wir ihm die weitere Gymnasialausbildung vermitteln. Durch das Eingreifen seiner Mutter, die behauptete: „Ohne Medikamente kann mein Sohn nicht leben", wurden unsere Bemühungen zunichte gemacht, denn Klaus glaubt tatsächlich, dass er nicht ohne Medikamente leben könnte, obwohl er über sie schimpfte wie ein Rohrspatz und schlechte Erfahrungen gemacht hatte. Damit bekamen wir eine schallende Ohrfeige. Die Tatsache aber war, dass seine Mutter nicht leben konnte, ohne zu jammern, sie hätte einen kranken Sohn, der ihr so viele Sorgen bereite. Wenn er nun ohne Medikamente leben kann und seine Schule fortsetzen darf, dann ist er auch nicht mehr krank und im schlimmsten Falle müsste sie ihn nach Hause nehmen. Sie hätte keinen Grund mehr zu jammern und wird dann auch nicht mehr bemitleidet. Sie könnte ihren eigenen traurigen seelischen Zustand nicht mehr hinter der Krankheit ihres Sohnes verstecken. Krank sein, das kann offenbar auch Vorteile bringen.

Nun kommt aber das alte Spiel von Klaus. Um sich an seiner Mutter zu rächen, schrieb er ihr an Weihnachten einen Brief, er werde sich umbringen und nicht nach Hause kommen. Damit wollte er ihr Angst einflößen. Nach der Diskussion mit der Mutter waren aber tatsächlich seine Suizidgedanken wieder vermehr zu spüren. Klaus übernachtete zwei Nächte in einem Schiffswartesaal. Während der beiden Tage verprasste er sein gesamtes Taschen- und Weihnachtsgeld in einem angesehenen Restaurant. Als er zwei Tage später zu Hause anrief mit der Bitte, sie solle ihn abholen, ließ sie ihn sogleich durch die Polizei in die Klinik einweisen. Damit waren all unsere Bemühungen, Klaus von den Medikamenten zu befreien, gescheitert. Er kam wieder in eine geschlossene Abteilung. Auf Interventionen seines Vormundes, unseres Hauspsychiaters und uns und gegen den Willen seiner Mutter kam er nach einigen Tagen wieder zu uns zurück. Er hatte erneut seine Portion Tabletten, dafür waren seine seelischen Grundfunktionen, Antriebe und Interessen wieder herabgesetzt. Er war wieder im gleichen Dämmerzustand und apathisch, wie wir ihn vor zwei Jahren übernommen hatten. Nur konnten wir ihn diesmal schneller in die Wirklichkeit zurückführen.

Neuroleptika können aber Patienten zum völligen Verstummen bringen, was wir bei Peter noch sehen werden.

Und wieder überraschte uns Klaus mit einem Gedicht.

Der Gefühlsmensch

Ich explodiere lauter als eine Bombe.
Es gibt dich nicht nur in meinen Gedanken.
Ich breche aus mir heraus wie die Lava aus einem Vulkan.
Ich denke an dich.
Ich wünsche Dich hinein
Und Du bist bei mir.
Es stirbt der unbändige Wunsch in ewiger Zärtlichkeit.

Es sind schon Jahre, seit Klaus vom Gymnasium wegging, aber seine Lehrerin war immer noch in seinem Herzen und Gefühl, die er nach ärztlicher Diagnose nicht haben sollte. Sie sind eben doch da, und zwar nicht nur oberflächlich, sondern sehr tief in ihm. „Es stirbt der unbändige Wunsch nach Zärtlichkeit." Das erste Mal in seinem Leben hat er von einem Menschen Zuneigung und Wärme spüren dürfen, und diese Gefühle haben ihn nie mehr verlassen. Nachdem sich die Lehrerin von ihm distanzieren musste, machte er einen Suizidversuch. Da konnte auch nur die „Klinik helfen", weil seine Familie nicht in der Lage war, Klaus in seinen großen seelischen Nöten beizustehen. Von seiner Familie und seinen Freunden verlassen zu werden, führte in einigen Fällen, gerade bei Jugendlichen, zu Suiziden. Ein anderer Hilferuf von ihm: „Wenn meine Mutter mich nur endlich verstehen könnte!" wurde nie wahrgenommen.

„Die Scheidung hat einen riesigen Papierkrieg ausgelöst, welcher gar nicht nötig gewesen wäre. Dafür wurde ich vernachlässigt." Weiter erzählte Klaus: „In der Klinik wartete man auf eine Reaktion von mir. Doch ich wollte und konnte nicht. Durch Spritzen versuchte man mir das Hirn aus dem Kopf zu spritzen (diese Aussage wiederholt sich leider bei vielen anderen Klinikpatienten). Sie bestimmten hernach über meine Medikamente, ja, sie bestimmten einfach über meinen Körper."

Von gezielten Gesprächen oder Psychotherapie ist auch in der ganzen Krankengeschichte von Klaus keine Rede. „Sie bestimmen über meinen Körper und über mein Hirn" war seine Meinung. Wir müssen wissen, „dass alle Neuroleptika die Kampfschwelle senken, und deshalb können Patienten, die Neuroleptika erhalten, Grand-mal-Anfälle bekommen. Dies ist eine ungewöhnliche Erscheinung, aber häufiger als „Plötzlicher Tod" oder Hyperthermie (erhöhte Körpertemperatur). Im Allgemeinen wirken sie eher sedativ, niederpotente Medikamente wirken stärker auf die Kampfschwelle als die hochpotenten.[25]

Einige Kollegen von Klaus sind oft auch bei den Gruppengesprächen dabei. So hat nun Markus eine Meinung niedergeschrieben und den andern vorgetragen. „Ich verlor meine Eltern. Heinz seinen Vater, Ralph den Roland. Vrenis Eltern sind geschieden. Irene verlor den Vater durch Krebs, Sonjas Vater machte einen Selbstmord und ihre Mutter wurde Trinkerin, die ihren Kummer im Alkohol ertränken wollte. Karin wurde auch von ihrem Vater geschändet und auch die Mutter begann zu trinken, da die anderen beiden Töchter auch missbraucht wurden." Es ist erstaunlich, was Markus alles wusste. Aber die ehemaligen Klinikpatienten waren von dort gewohnt, dass man alles untereinander besprach und voneinander sehr viel wusste. Und auch bei uns war eine gute Gesprächskultur unter den Mitbewohnern. Sie wussten, dass alle ein ähnliches Schicksal hatten, und wir fanden es sehr gut, dass die Bewohner untereinander ein Vertrauensverhältnis hatten. Es war auch gut, dass die Klienten einander vertrauten, denn so konnten sie auch seelisch schweren Kummer loswerden. So entstand in unserem Haus unter Patienten und Mitarbeitern eine sehr große Vertrauensebene.

Markus äußerte: „Ich habe meine Eltern verloren, Sonjas Vater machte einen Selbstmord." Hier ist ein Bruch zwischen Eltern und Kind geschehen. Beim einen durch einen natürlichen, aber überraschenden Todesfall, beim anderen kam der Tod durch die starke seelische Belastung des Vaters. Diese plötzliche und unerwartete Trennung konnte von den Jugendlichen kaum verkraftet werden. Ohne „professionelle Hilfe" entsteht eine fast irreparable Verletzung. Heinz konnte den Verlust seines Vaters nicht verkraften, weil er sich nur bei ihm sicher und geborgen fühlte. Seine Selbstsicherheit ist weg und Heinz findet vorerst niemanden, der ihm Halt und das Vertrauen zurückgeben konnte. Ralph verlor seinen Freund. Dieser war die einzige Bezugsperson, die er hatte. Auch ihm wird der Boden unter den Füßen weggezogen. Letztendlich wurde er zum Brandstifter. „Wenn ich nichts habe, so braucht ihr auch nichts", war seine Aussage vor Gericht. Irene verlor ihren Vater durch eine Krebserkrankung – einen Vater, der seine Tochter immer begleitete und immer für sie da war. Der sie aber auch sehr verwöhnte und so ihre Selbstständigkeit weitgehend unmöglich machte. Karin und ihre Schwestern wurden häufig von ihrem Vater missbraucht. Der Mutter durften sie ihr Leid und ihre Pein nicht klagen. Wohl merkte sie etwas, aber sie fand nie den Mut, mit ihrem Mann zu sprechen. Sie konnte ihn nach ihrer Meinung auch nicht anzeigen und anklagen, denn er bekleidete in der Gemeinde ein Ehrenamt. Der Mann mit der weißen Weste. Die Familie konnte ihr Gesicht nach außen hin nicht verlieren. Dafür verlor die Familie ihren inneren Halt und zerbrach schlussendlich doch. Alle genannten Personen mussten in eine psychiatrische Klinik eingewiesen werden, auch der „Mann mit der weißen Weste". Allein Heinz kam in die Epilepsie-Klinik, da er nach dem Tode des Vaters an starken Grand-mal-Anfällen litt; wahrscheinlich war aber schon vorher eine Disposition zur Epilepsie vorhanden. Und bei den meisten anderen lautete die Diagnose: paranoide-hebephrene Schizophrenie.

Es gibt eine Vielzahl von Theorien über die Schizophrenie, was ich schon in meiner kurzen Einführung erwähnt habe. Die einen sehen biologische und derzeit speziell genetische Faktoren als wesentlich für den Ausbruch der Krankheit an. Andere eher psychologische und Umweltfaktoren. Manche Mediziner wiederum zweifeln das Konzept der Schizophrenie als eigentliches Krankheitskonzept völlig an. Doch egal welches Konzept die einzelnen Mediziner bevorzugen, die der Schizophrenie zugeordnet werden – alle erkennen, dass die psychischen Probleme, die der Schizophrenie zugeordnet werden, meist in der Pubertät oder kurz darnach beginnen. So wie es bei Markus, Ralph, Irene, Sonja und Karin war.

Das Denken der genannten Personen war oft unklar, manchmal auch bis zur Unverstehbarkeit zerfahren. Es gab Begriffsverschiebungen, Beziehungslosigkeit und Mangel an Zusammenhängen zwischen einzelnen Gliedern einer Gedankenkette. Das Denken spiegelte oft ein Verfangensein in einer Welt von Träumen wider, die der Sinnesart, dem Wunschdenken dieser verletzten Menschen besser entsprachen als die reale Welt. Neben dem für uns scheinbar krankhaften Denken geht aber auch gesundes Denken und Urteilen weiter. Und oft stecken hinter diesen Krankheitssymptomen intelligente und hellhörige, vielleicht sogar hellsichtige Menschen.

Silvia und verschiedene Ansichten über die „Krankheit Schizophrenie"

Ich erzähle die Geschichte von Silvia. Die wurde im November 1961 geboren. Sie wuchs in Deutschland bei ihren Großeltern auf, da ihre Eltern arbeiteten und keine Zeit fanden, die drei Töchter und den Sohn aufzuziehen und ihnen elterlichen Beistand zu leisten. Vater und Mutter waren sehr arbeitsam und wollten es zu etwas bringen, damit sie ihren Kindern mehr bieten könnten, als sie es gehabt haben. Silvia hatte eine Zwillingsschwester, die sehr dominant war. Die beiden anderen Geschwister wollten mit der verträumten Silvia nichts zu schaffen haben und hatten auch keinen Kontakt zu ihr, denn sie war ja meistens bei den Großeltern. Silvia wuchs auf einem Bauernhof auf. Sie war ein sehr reinliches Mädchen und war nicht begeistert, wenn sie im Stall eine Arbeit verrichten musste, denn dabei konnte man ja schmutzig werden. Zu den Tieren aber hatte sie eine sehr gute Beziehung. Oft sprach sie mit ihnen und erzählte ihnen ganz tolle Geschichten, da ja niemand Zeit hatte, ihr zuzuhören oder sich mit ihr zu beschäftigen. Auch die Großeltern hatten viel zu tun auf ihrem Bauernhof. So wurde Silva ganz langsam, für alle unbemerkt, eine Einzelgängerin. Die Geschwister distanzieren sich immer mehr von ihr. So verließ sie immer öfter den Hof unbemerkt und begab sich auf eine Wiese, wo sie wusste, dass sie dort niemand suchte und dass sie niemand sah und hörte. Dort spielte sie „Temberlein" – dies ist ein Ausdruck, den Silvia für das Geschichtenerzählen verwendete und mir bei einem Gespräch auch als Erstem anvertraute. Also sie erzählte den Bäumen, Blumen, Gräsern und den Wolken von ihr erfundene Geschichten. Hier an ihrem Lieblingsplatz konnte sie ihren Tagträumen ungehindert nachgehen, ohne dass sie von jemandem gestört wurde.

Silvia erzählte den Bäumen und Blumen die tollsten Geschichten. Später begann sie „als Baum" zu Silvia – also zu sich selber – eine Geschichte zu erzählen. Sodass sie bald selber eigentlich nicht mehr wusste, wer wem Geschichten erzählte. Ihr Gedankengebäude wurde immer komplizierter. Als sie zu Hause erzählte, dass ihr ein Baum ein Geheimnis ausgeplaudert habe, begann man den Kopf zu schütteln und an ihrem Verstand zu zweifeln. Man könnte diese Tagtraumgeschichten mit den biblischen Träumen von Josef vergleichen. Die Garben, Sonne, Mond und Sterne – d. h. seine Brüder und seine Eltern und das Volk – verneigten sich vor Josef. Aus Rache wurde er dann von seinen Brüdern verkauft. So wurde ihr verboten, ihre Geschichten zu Hause und am Tisch zu erzählen. Silvia war noch immer ein Kleinkind von sechs bis sieben Jahren. Sie durfte allein auch das Haus nicht mehr verlassen. Aber in den Stall durfte sie gehen. Das passte ihr jetzt. Dort erzählte sie nun den Tieren, vielfach den kleinen Kälbchen, aber auch den Kühen, ihre fantastischen Erlebnisse. Andererseits erzählten die Tiere Silvia ihre Abenteuer. Bei den Großeltern, Eltern und Geschwistern blieb sie nun stumm und sie erzählte niemandem mehr tatsächliche oder erfundene Erlebnisse. So begann das große Schweigen und die Vereinsamung.

Ihre geistige Kreativität wurde nicht gefördert, sondern in ganz falsche Bahnen umgeleitet, sodass Silvia langsam die Normen ihrer nächsten Umgebung verließ, weil sie grundsätzlich dazu gezwungen wurde. Jetzt wird etwas heraufbeschworen. Realität, Wunschdenken, Fantasie, die Stimmen der Bäume, Gräser, Blumen und Tieren, ein Durcheinander, typische Symptome der Schizophrenie. Und jetzt wieder die Frage: „Ist es wirklich Schizophrenie?"

Jedes Mal wenn ein Schwein, Kalb oder sonst ein Tier in die Metzgerei gebracht wurde, wehrte sich Silvia und tobte und schrie, sodass die ganze Nachbarschaft zusammenlief, weil sie glaubten, es sei etwas Furchtbares geschehen. Ja, es geschah für das Mädchen etwas Furchtbares, was ihr lieb und vertraut geworden war, die, die ihr Geschichten erzählten und gerade die, mit denen sich Silvia unterhalten konnte, die wurden weggebracht und getötet. Können Sie sich den Schmerz dieses Kindes nicht vorstellen? So kam es dann auch, dass Silvia kein Fleisch mehr essen wollte. Sie verweigerte das Fleisch, aber sie wurde zum Essen gezwungen. Immer wenn Fleisch auf den Tisch kam, begann sie zu streiken und täuschte irgendeine Krankheit vor wie z. B. Kopfschmerzen, Durchfall, Erbrechen, Magenschmerzen oder einfach sonst ein „Wehwehchen". Im Erfinden von Krankheiten war sie gar nicht verlegen, denn sie wollte und konnte ihre geliebten Tiere nicht verspeisen. Mit der Zeit glaubte die Familie, dass Silvia etwas fehlen würde und sie wirklich krank sei. Der Arzt konnte aber nichts feststellen. Silvia aber wurde immer eine bessere Schauspielerin, und dieses Talent hat sie bis heute behalten und lachte oft in sich hinein. Sie hatte auch ein ganz verschmitztes Lächeln, als sie mir dies alles erzählte. Und so wickelte sie langsam die ganze Familie um den Finger (Silvia isst heute noch kein Fleisch. Sie ist Vegetarierin).

Später zogen die Eltern und die Kinder in die Schweiz, da ihr Vater eine Molkerei übernehmen konnte.

Mit 21 Jahren kam sie zu uns, nachdem sie in verschiedenen Kliniken war. Die letzte Klinik hatte die Auffassung, dass sie in Zürich nicht genügend therapiert werden könnte und in einem Kleinheim besser aufgehoben wäre.

An diese Stelle muss ich erneut erwähnen, dass es Prof. Bleuler war, der, als ich mit ihm zusammenarbeitete, immer wieder erwähnte, dass für seelisch verletzte Menschen ein kleiner therapeutischer Rahmen besser geeignet sei als die großen Kliniken, in denen er und seine Oberärzte mehr Verwaltungsaufgaben zu erledigen hätten als zu therapieren. Und gerade er war es, der mich dazu bewog, das „Haus zur Rebe" zu eröffnen.

In vielen therapeutischen Gesprächen teilte sie mir vertrauensvoll das alles mit, was ich Ihnen bereits erzählte und noch erzählen werde. Sie hatte das Bedürfnis, offen und ehrlich zu sprechen, da sie merkte, dass wir uns um sie kümmerten und ihr Vertrauen nicht missbrauchten. Sie merkte auch, dass sie wegen ihrer Bilder, die noch zur Sprache kommen, nicht mehr ausgelacht wurde.

Silvia besuchte in einem Heim im Appenzeller Land die Haushaltungsschule. Leider fand sie zu ihren Betreuerinnen keinen Zugang, da es bei den dortigen Mitarbeitern an den nötigen pädagogischen und psychologischen Kenntnissen fehlte. Im Heim sind dann auch vermehrt Schwierigkeiten aufgetreten. So hieß es, dass sich die Patientin wieder rücksichtslos gegenüber den Mitkolleginnen verhalten habe. Auf Zurechtweisung habe sie mit Wutausbrüchen reagiert, und vermehrt habe sie sich an ihre Bilder von Schlachthöfen und der Olma geklammert (Olma ist die Schweizerische Landwirtschaftsausstellung, wo es auch viele Tiere gibt). Wiederholt habe sie Fensterscheiben eingeschlagen und mit Küchenmessern gedroht, sodass sie 1981 durch den beigezogenen Hausarzt erneut in die psychiatrische Klinik eingewiesen und dort auf der geschlossenen Abteilung aufgenommen wurde.

Warum tobte Silvia? Sie hatte nur zu ihren Bildern, jedoch zu keinem Menschen dort ein Vertrauensverhältnis, da sie ja immer nur verspottet und ausgelacht wurde, ließ sie ihren Emotionen und Aggressionen freien Lauf. Wo konnte schon Silvia ein Vertrauensverhältnis aufbauen? Die körperliche Untersuchung in der Klinik hat keinen besonderen Befund ergeben. Während der ersten Wochen sei Silvia eine große Belastung gewesen, sowohl für die Patienten als auch für das Pflegepersonal. Obwohl voll orientiert und in Gedanken geordnet, habe sie einen schwer gestörten Eindruck gemacht.

Seit 1974 entwickelte die Patientin eine eigenartig anmutende Liebe gegenüber Metzgereien. Sie fühlte sich zu diesen Orten stark hingezogen und konnte endlos und lustvoll in allen Details von ihnen erzählen. So sammelte sie Bilder von Schlachthöfen und Metzgereien, führte diese ständig mit sich und erzählte immer wieder, dass sie eine Metzgerei heiraten möchte, wobei sie ganz bestimmt betonte, „eine Metzgerei", keinen Metzger. Später seien noch mehr Liebesobjekte hinzugekommen, insbesondere die Olma. So wurde uns berichtet.

In der Klinik verweigerte sie teilweise die Medikamente oder sie schluckte sie nur scheinbar, um sie nachher in der Toilette wieder zu entsorgen. Sie hatte vor den Spritzen eine schreckliche Angst. Letzten Endes kann auch Angst einen Patienten teilweise gefügig und gehorsam machen. Silvia war sich voll bewusst, dass bei Verweigerung der Medikamente ihr zwangsweise Depotspritzen verabreicht wurden und sie bei einem Tobsuchtsanfall in den „Bunker" kam (mit „Bunker" ist das Isolierzimmer gemeint).

In der medizinischen Literatur wird von paradoxen Reaktionen auf Psychopharmakaeinnahme berichtet, z. B. von Feindseligkeiten, Aggressionen und Wutanfällen nach Tranquilizern.

„Viele Patienten, die Valium erhalten", bestätigt beispielsweise ein Mitarbeiter der staatlichen Psychiatrischen Anstalt Topeka, Kansas, „zeigten eine fortschreitende Entwicklung von Abneigungen oder Hassgefühlen. Bewusst benutzten die Patienten selbst den Begriff Hass. Diese Hasserfülltheit richtete sich zuerst auf unspezifische Personen in der Umgebung von Patienten, dann wurden Schlüsselpersonen wie Berater, Pflegekräfte und Ärzte und schließlich wichtige nahestehende Personen wie Eltern und Ehepartner einbezogen. In einigen Fällen steigerte sich das Phänomen und kumulierte in Gewaltakten, z. B. wurden Tabletts mit Essen durch die Gegend geschleudert oder ein Mitpatient zu Boden geworfen."[26]

Wie äußerte sich das bei Silvia? „Sie war äußerst unruhig und sehr laut, vor sich hin schwatzend, schreiend, streitend und singend, ohne Rücksicht auf die nächste Umgebung, kaum mehr ansprechbar und schon gar nicht korrigierbar und auf ihren Umkreis immer bedrohlich wirkend. „Merkt ihr denn nicht, dass ich nicht da sein möchte und schon gar keine Medikamente mehr schlucken noch Spritzen möchte!"

Die Tranquilizer, die die Frau schlucken musste, sollten Angst- und Spannungszustände beruhigen. Man verabreicht diese Medikamente trotz der Warnungen von Pharmakologen.

„Man muss auch wissen, dass sämtliche heute verwendete Psychopharmagruppen Zufallsentdeckungen waren. Der Beweis, dass die beobachteten Effekte denjenigen von Placebos überlegen sind, wurde bis jetzt nicht erbracht."[27]

„Sylvia erzählte immer und immer wieder von ihren Liebschaften mit Metzgereien, Olma und Festzelten, zudem habe sie die entsprechenden Bilder immer bei sich herumgetragen und andauernd geküsst." Das und das Folgende ist in der Krankengeschichte der Klinik zu lesen. Weiter: „Zu schnulziger Schlagermusik habe sie teils eigene Liebesballaden über Metzgereien gedichtet und habe diese überlaut gesungen, wobei sie einen ekstatischen und verzückten Eindruck gemacht habe. Erst als man auf ihre Probleme etwas einging, sei im Laufe der Zeit eine deutliche Entspannung eingetreten."

Warum geht man nur etwas und nicht enrsthaft auf die Probleme des Patienten ein, auch wenn die noch so absurd erscheinen?

Weiter: „Zwar könne sich die Patientin nie ganz von ihren Liebesobjekten, den besagten Bildern, trennen, auch sei sie aufbrausend und einzelgängerisch geblieben." Wann hat sie je Gemeinschaft erfahren? Die Verhaltensmuster, die sie unfreiwillig seit frühester Kindheit übernommen und sich eingeprägt hatte, blieben ein fester Bestandteil ihres Lebens, denn zum Überleben musste sie sich immer der gleichen Muster bedienen. Klinikbericht: „Ging es ihr schlecht, hat sie nicht mehr über sich und ihre Probleme gesprochen, sondern nur noch über ihre Bilder, wobei sie diese immer wieder demonstrativ verküsst habe." Sie zeigte in der Klinik demonstrativ, dass ihr die Bilder näher standen und vertrauter waren als ihre Pflegerinnen, Ärzte und die ganze Umgebung.

Die Diagnose lautet: *„Verhaltensstörungen in der Adoleszenz (Lebensabschnitt zwischen Pubertät und Erwachsenenalter) mit neurotischen Komponenten, Verdacht auf eine schizophrene Erkrankung. Aufgrund der Symptomatik und des Ausmaßes der Gestörtheit sei anfänglich an eine Geisteskrankheit im Sinne einer Schizophrenie gedacht worden."*

Diese Diagnose hat nicht bestätigt werden können, und ein genaueres Kennenlernen der Patientin sowie der Verlauf ihrer weiteren Entwicklung hätten nur für eine „gestörte Persönlichkeitsentwicklung" gesprochen. Die Diagnose Verhaltensstörungen in der Adoleszenz kann nicht stimmen, denn die seelischen Fehlentwicklungen haben sich ja in der sehr frühen Kindheit schon bemerkbar gemacht. Ich staune immer und immer wieder, wie die Umwelt eigentlich menschliche Opfer fördert. *„Im Hinblick auf die Entlassung aus der Psychiatrischen Klinik"* steht weiter: *„… sei ein Heim gesucht worden mit dem nötigen pädagogischen Rahmen."*

In den letzten Sätzen spüren wir die Unsicherheit der Diagnose. Ist es Schizophrenie oder handelt es sich hier nur um eine gestörte Persönlichkeitsentwicklung, die noch durch Medikamente verstärkt wurde? Der Mensch mit einer Persönlichkeitsentwicklung gehört nicht unbedingt in eine Klinik, aber in eine gute Psychotherapie.

Krankheiten, die beim Menschen Angst, Abwehr und eine gewisse Hilflosigkeit hervorrufen, können von den nächsten Angehörigen – oder einem Teil der Angehörigen – nicht ertragen werden. Eine Mutter äußerte sich folgendermaßen; „Am Anfang war ich über das Verhalten meines Kindes stark betroffen. Oft fühlte ich mich von Gott und der Welt verlassen. Immer wieder baute ich ein künstliches Schonklima um meinen Sohn, was auch wieder falsch war."

Wer schon schwere, akute Situationen erlebt hat, der kann ermessen, wie hilflos man werden kann. Dies gilt besonders dann, wenn es das eigene Kind betrifft. „Das kann doch nicht sein!"
Ein Vater sagte offen: „In solchen Momenten können wir die Verantwortung einfach nicht mehr übernehmen und allein tragen. Wir selber brauchen dann genauso Hilfe wie unser eigenes Kind."

Der Züricher Psychiater Rotschild machte den Eltern folgende Vorschläge: „Kämpft für Verbesserungen im psychiatrischen Angebot. Um in Krisensituationen eine Klinikeinweisung zu verhindern, müssen speziell ausgebildete Teams für Intensivbehandlungen zu Hause eingesetzt werden können, wie sie unter der Bezeichnung ‚Hospitalisation à la maison' in Frankreich bekannt seien."[28]

Die Behörden waren jetzt der Ansicht, dass die Patientin Silvia ihre Angelegenheiten nicht mehr selber besorgen könne und eines Beistandes und der Fürsorge bedürfe. Die Voraussetzungen zur Bevormundung nach Art. 369 des Zivilgesetzbuches wurden als erfüllt betrachtet. Wie schon angemerkt: Die Eltern wollten keine Verantwortung mehr für ihre Tochter übernehmen.

Bericht der Vormundschaftsbehörde: *„Während des fast einjährigen Klinikaufenthaltes habe sich – wie schon in der Vorgeschichte – gezeigt, dass die Patientin ihre Angelegenheiten nicht selber zu besorgen vermöge. Sie sei nicht in der Lage ihre Zukunft zu planen, realitätsgerecht und zielgerichtet zu handeln und adäquate Verbindungen zwischen Wunschvorstellungen und realen Gegebenheiten herzustellen. In Abhängigkeit vom momentanen Stimmungszustand schwanke sie zwischen unrealistischen Höhenflügen und Flucht in die Krankheit (was sie als Kind ja lernen musste) mit völliger Resignation und Delegation aller Verantwortung an die Betreuungspersonen. In diesem Sinne werde auch ihre eigenartige Liebe zu Objekten wie Metzgereien, Olma und so weiter gesehen. Sie flüchte sich in diese für sie ungefährliche Objektliebe, um so möglichen Enttäuschungen und Frustrationen auszuweichen, die menschliche Beziehungen zwangsläufig mit sich bringen."*

Wie recht sie haben! Wo kann die Frau Enttäuschungen, Frustrationen oder Liebe bekommen und begegnen, wenn sie erleben musste, dass sich niemand um sie kümmert? Wer ist krank? Von den Jesuiten sagte mal eines der Oberhäupter: „Gebt uns die Kinder bis zu sieben Jahren und wir machen Menschen aus ihnen." Silvia hatte bis zu ihrem siebten Lebenjahr niemanden, der sie in ein normales Leben führen konnte. Aber unter Neuroleptika stumpft das Gefühlsleben ab. Das physische Energieniveau sinkt. Lebendigkeit und Streitlust werden geringer. Darum gibt der Patient langsam seine Verantwortung an die Bezugsperson ab, egal wer dann diese Person ist.

Was wir von Silvia gehört haben, muss uns ja erklären, warum Silvia in ihr „Tinberlein-Spiel" ausgebrochen ist, und sich eine unreale Welt aufgebaut hat, in der sie leben und atmen konnte. Da sie immer und immer wieder von ihren Eltern, Großeltern und Geschwistern Vorwürfe entgegennehmen musste, ist eine Zersplitterung und Aufspaltung des Denkens, Fühlens und Wollens nicht unbegreiflich. Und es ist schon gar nicht verwunderlich, dass das Mädchen aus der Realität ausgebrochen ist. Wie will man sich ein Ziel setzen, wenn man von niemandem darauf hingewiesen wird? Wie soll Vertrauen, Liebe und Zusammenleben mit den Nächsten gelernt werden, wenn kein Mensch, kein Gegenüber da ist? Wer kann existieren, der nicht ernst genommen und geliebt wird, sondern nur immer hören musst: „Du bist verrückt?"

Sollen menschliche Beziehungen immer nur Enttäuschungen und Frustrationen mit sich bringen? Meine Meinung ist, dass bei menschlichen Beziehungen Enttäuschungen und Frustrationen ausbleiben könnten, vorausgesetzt, man würde mehr versuchen, den anderen zu verstehen und auf ihn einzugehen. Hat man überhaupt noch Zeit, dem anderen zuzuhören, um ihn zu verstehen? Können das nur noch „professionelle Menschen", die fürs Zuhören bezahlt werden? Würden wir mehr aufeinander hören und dies speziell in den Familien, dann hätten viele psychosomatischen Krankheiten keinen Platz mehr unter uns.

Weiter geht der Bericht der Vormundschaftsbehörde: *„Obwohl die Patientin im Allgemeinen krankheitseinsichtig sei und ihre Situation auch immer wieder richtig einzuschätzen vermöge, sei nicht auszuschließen, dass sie in einem besonderen Augenblick z. B. ihre jetzigen Lebensbedingungen in unrealistischer Art und Weise überstürzt und unbedacht einfach zu verändern suche. Zu Geld habe die Patientin ein eigenartiges Verhältnis. So sei sie einerseits sehr sparsam und übergenau in der Verwaltung ihres Sackgeldes, anderseits neige sie dann plötzlich wieder zu unbedachten, unüberlegten und finanziell nicht abgesicherten Einkäufen."*

Sie wollte sich ein eigenes, kleines Radio kaufen. Wie könnte diese Frau überhaupt ein Verhältnis zu Geld haben, wenn sie nie mit Geld umgehen durfte und dies auch nie lernen konnte? Sie war ja unselbstständig und eine Verrückte, der man gar kein Geld und gar nichts anvertrauen konnte.

Weiter geht der Bericht: *„Die Patientin wirkte auf ihre Umgebung immer wieder schwer bedrohlich. Massive und ernste Tätlichkeiten gegenüber Menschen seien jedoch keine bekannt. Die Patientin neige zu Wutausbrüchen, die man am ehesten als Jähzorn bezeichnen könnte. Insbesondere wenn sie sich unrecht behandelt fühle, könne sie sich in eine nicht mehr zu stoppende Schimpftirade hineinsteigern, wobei sie auch jeweils massive Drohungen gegenüber Menschen ausstoße – die Faust in die Fresse schlagen – zusammenschlagen – erschlagen – erstechen. Im Gegensatz zu diesen massiven Drohungen seien in der Klinik keine schweren Tätlichkeiten vorgekommen – auszuschließen seien sie jedoch für die Zukunft nicht. Die Patientin habe eine Mitpatientin an den Haaren zu Boden gezogen und sich anschließend gegen das eingreifende Personal gewehrt. Ein andermal habe sie in ungefährlicher Art und Weise mit einem Stecken eine Mitpatientin und die herbeieilende Schwester geschlagen."*

Silvia war sehr schnell und leicht zu erregen. Aus Angst, nicht anerkannt zu werden, reagierte sie aggressiv. Wobei die genannten Medikamente auch ihren Teil dazu beitrugen.

Weiter: *„Obwohl das Verhältnis der Patientin zu den Eltern recht gut sei, die Eltern sich angemessen um ihre Tochter kümmerten, komme es immer wieder zu zusätzlichen Spannungen, insbesondere bei Geldforderungen, die zum Teil sicher übertrieben bis unrealistisch gewesen seien. Wie die Mutter der Patientin auf telefonische Anfrage hin erklärt habe, möchten beide Elternteile aus einfühlbaren Gründen die Verantwortung an einen gesetzlichen Vertreter delegieren, daneben aber weiterhin den Kontakt zu ihrem Kinde pflegen."* Die Eltern wollten die Verantwortung über ihr Kind einer fremden, unbekannten Person übergeben, obwohl sie für die seelischen Verletzungen ihres Kindes die Schuld tragen. Aber es gibt Momente, wo Vater und Mutter den Zugang zu ihrem Kind nicht mehr finden, weil in ihnen persönlich ein seelischer Unruheherd steckt, was teilweise auch begreiflich ist. Denn ihr eigenes Blut ist verunsichert und verstört. „Eine solche Regelung würde nicht gegen die Interessen der Patientin verstoßen", meinte die Behörde.

„Aus ärztlicher Sicht spiele das Geschlecht eines gesetzlichen Vertreters für die Patientin keine Rolle. Die Patientin reagiere im Allgemeinen auf eine wohlwollende und bestimmte Autoritätsperson gut, unabhängig ob Mann oder Frau. Wichtig sei, dass die Patientin den gesetzlichen Vertreter akzeptieren könne und anderseits der gesetzliche Vertreter über die nötige Erfahrung mit ‚schwierigen Mündeln' verfüge und die nötige Gelassenheit und Liebe für die Patientin aufbringen könne. Gegen die Anhörung der Patientin seien ärztlicherseits keine Einwendungen zu machen." Immerhin ist Silvia noch angehört worden. In vielen Fällen wird ohne Anhörung den betreffenden Mündeln einfach ein Vormund zugeteilt. Ohne Wenn und Aber. Eine Abordnung der Behörde hat mit Silvia die Anordnung eines Vormundes besprochen, und der Heimleitung ist dieser Beschluss zugestellt worden.

So kam nun Silvia in unser Haus zur Rebe. Beim Eintritt bei uns zeigte sie sich sehr aufgeschlossen. Sie war munter und glücklich, dass sie auch endlich die Klinik verlassen konnte. Eine der ersten Fragen war jedoch: „Haben Sie auch eine Isolierzelle?" Ich musste lachen und die Frage verneinen. Eine darauf folgende Frage: „Was machen Sie mit mir, wenn ich wieder ausrasten sollte? Bekomme ich dann eine Depotspritze, die mich ruhig stellen sollte?" Auch das konnte ich verneinen. Verschämt zog sie nun ihre verschiedenen Bilder von Metzgereien, der Olma und Festzeltfotos unter ihrem Pullover hervor, küsste diese und fragte: „Nehmen Sie mir diese Bilder weg?"

„Nein, dazu besteht kein Grund."

„Darf ich die Fotos unter meinem Pullover mittragen?"

„Wenn Sie das nicht stört und Ihnen die Bilder unter dem Pulli nicht unbequem sind und Sie beim Arbeiten nicht behindern, haben wir sicher keinen Einwand."

Ich stellte durch meine Augenwinkel fest, wie der Vormund und die begleitende Person der Behörde einander anschauten und sich ihr Gesicht etwas veränderte.

Von den Behördenmitgliedern bekamen wir noch einige gut gemeinte Ratschläge, die damit endeten, dass man Silvia wieder sofort in die Klinik einweisen könnte, wenn sie Schwierigkeiten machen sollte. Ihr Bett bleibe noch für 14 Tage reserviert. Diese Abmachung betraf alle Patienten, die direkt von der Klinik unserem Haus zugewiesen wurden. Zum Glück musste bei uns nie ein Klient nach 14 Tagen in die Klinik zurückkehren. Wir wollten ja eine Alternativlösung zur sychiatrischen Klinik sein.

Silvia nahm wieder die Bilder unter dem Pulli hervor, drückte und küsste sie, als wollte sie sagen: „Helft mir doch!" und schrie in ohrenbetäubender Lautstärke: „Nein, nein, ich gehe nicht mehr in eine Klinik, vorher bringe ich mich um!"

„Sehen Sie, da hören Sie es schon!", meinte der Vormund.

Als sich die beiden Personen verabschiedet hatten, murrte Silvia noch eine Weile vor sich hin und wiederholte immer wieder: „Lieber bringe ich mich um, als nochmals in diese Scheißklinik zu gehen." Ich beruhigte die Frau und versprach ihr auch, dass ein Klinikaufenthalt kaum mehr nötig werde und wir auch die Medikamente so schnell wie möglich reduzieren oder gar absetzen werden. Zum Abschluss unseres Gesprächs fragte ich sie, ob ich jeweils unseren Gedankenaustausch aufs Tonband aufnehmen dürfe. Diese Bewilligung brauchte ich von allen unseren Patienten, damit wir und unser Klient uns immer vergewissern konnten, was der Inhalt unserer Gespräche war.

„Aber das geben Sie nicht meinen Eltern, dem Vormund oder der Klinik."

Ich verneinte es und beruhigte sie, indem ich ihr auch mitteilte, dass die Bänder nach einiger Zeit gelöscht werden. Nun lachte und schwatzte sie ganz zufrieden, und ich hatte auch den Eindruck, dass ich in ihrem Gesicht eine gewisse Entspannung sehen konnte.

Die nächste Begegnung war eigentlich sehr bald, und zwar an einem Abend. Die Betreuerin von Silvia telefonierte sehr aufgeregt und sagte, dass ich so schnell wie möglich in die Gruppe kommen solle und schrie ins Telefon: „Silvia will jemanden umbringen!"

Schnell begaben meine Frau und ich uns in die Gruppe. Wir hörten schon vor der Türe ein lautes Schreien und Kreischen. Als wir ins Zimmer traten, waren Silvia, ihre Zimmergenossin Karin und die Betreuerin dort. Silvia hielt eine große Schere in der Hand und schrie: „Diese Sau bringe ich um!"

Die Betreuerin fragte sogleich: „Soll ich den Arzt anrufen?" Ich verneinte es und bat Silvia, mir die Schere zu geben. „Nein, ich bringe diese Sau um", schrie sie mich an. Nochmals fragte die Betreuerin, ob sie Nozinan holen solle und wie viele Milligramm.

Prompt kam die Antwort von Silvia: „Ich fresse keine Tabletten, sonst bringe ich Sie auch noch um!"

Jetzt schickte ich die Betreuerin aus dem Zimmer, denn ihre beiden Fragen erregten Silvia noch mehr. Sie war froh, dass sie aus der Gefahrenzone verschwinden konnte und Silvia erleichtert, dass „diese blöde Kuh" weg war.

Nun bat ich die Frau, mir die Schere zu geben, da sie diese nicht mehr brauche und ich gerne wissen möchte, was überhaupt geschehen sei. Karin saß ganz bleich neben mir und flüsterte: „Ich bin schon froh, dass Sie hier sind."

Nach einigem Zögern gab mir Silvia die Schere und begann zu weinen. Ich hatte den Eindruck, dass sich bei ihr durch das Weinen die erste Erregung etwas löste. Wir ließen sie ruhig weinen. Als alles so still blieb im Zimmer, ging leise die Tür auf und der Kopf der Betreuerin war zu sehen. Offenbar bekam sie Angst, als plötzlich alles so ruhig blieb. Da Silvia mit dem Trocknen ihrer Augen beschäftigt war, bemerkte sie nicht, dass jemand ins Zimmer schaute und ich konnte ihr deuten, die Tür wieder zu schließen. Als sich Silvia etwas beruhigt hatte, legte meine Frau den Arm um ihre Schultern, sodass sich die Weinende einfach an sie anlehnen konnte. Das beruhigte Silvia noch mehr.

Nun begann Silvia zu erzählen: „Karin hat mir ein Bild weggenommen und hat es mir nicht mehr geben wollen. Das hat mich ganz verrückt und mir auch Angst gemacht, denn die Bilder sind mein eins und alles, und ohne diese könnte und wollte ich nicht mehr leben. Das sind meine Kinder." Karin meint: „Ich habe ja nur einen Spaß gemacht und wollte schauen, was Silvia mit sich herumträgt."

„Das geht dich einen Scheißdreck an!", brüllte Silvia. Meine Frau strich ihr ganz langsam über die Haare und sagte: „Sie müssen sich nicht aufregen, niemand nimmt Ihnen die Bilder weg."

„Endlich habe ich jemanden, der mich versteht. Auch im Heim, wo ich in der Haushaltungsschule war, hat man mich wegen meiner Bilder ausgelacht und hat sie versteckt, wenn ich sie aus Versehen liegen ließ oder unter meiner Bettdecke versteckte, damit sie es schön warm haben. Dann wurde ich so verrückt und hatte Angst um ‚meine Kinder', dass ich Scheiben einschlug, Türen zuknallte, und alle wollte ich umbringen. Man hat mich nicht verstanden. Alle sagten, ich spinne. Aber ich spinne nicht und das kann ich nicht hören. Als ich dann wieder vor lauter Angst ausrastete, da wurde ich von diesen Idioten vom Arzt einfach wieder in die Klinik eingewiesen. Vorher versteckte ich dann noch meine Bilder in meinen Hosen, damit sie mir niemand nehmen konnte und sie auch nicht gefunden wurden. Die habe ich schön erwischt", lachte sie laut heraus.

„Warum sind Ihnen die Bilder so wichtig?"

„Sie sind mein ein und alles. Wen habe ich sonst? Meine Eltern und Geschwister sagen, ich spinne und sei verrückt. Solange ich die Bilder herumtrage und küsse, dürfe ich nicht mehr nach Hause kommen. So, wie ich bin, wollen sie nichts mehr von mir wissen. Also sind meine Bilder mir mein Liebstes und meine Kinder. Sie haben mich lieb und ich habe sie lieb und wir schimpfen nie miteinander, sondern haben es lustig und erzählen einander Geschichten. Ich habe meine Ruhe und die Bilder lachen nicht über mich und wollen mir auch keine Medi und Spritzen geben. Die nehmen mich, wie ich bin und nicht, wie die andern es wollen, die mich immer ändern möchten und doch nie Zeit für mich haben."

Es war für uns beeindruckend, was die junge Frau sagte. Es stimmte uns auch traurig, dass sie den Zugang zu den Menschen fast verloren hatte, dass sie kein Vertrauen mehr zu ihrem Umkreis finden konnte und einfach ihren Frust und ihre Empfindungen nur bei uns über die Bilder äußern durfte. Uns war es wichtig, dass Silvia wieder Zutrauen zu den Menschen bekommen konnte und dass sie vor allem nicht ausgelacht oder gar als verrückt bezeichnet wurde.

So konnten wir auch Katrin klarmachen, dass die Bilder von Silvia nur ihr gehörten. Kathrin und Silvia versöhnten sich nach unserem Gespräch. Beide hatten sich beruhigt und auch die Betreuerin, die wir zum Schlussgespräch hinzuzogen, sie erwähnte dann auch keinen Arzt und kein Medikament mehr.

Wir mussten auch unseren Mitarbeitern erklären, dass nicht bei jeder Krisensituation gerade mit dem Arzt und mit Medikamenten gedroht werden darf. Die Betreuer mussten auch wissen, dass zum Teil ihre Patienten mehr über die Medikamente und deren Auswirkungen wissen, als ihnen selber bekannt ist. Unsere Mitbewohner erlebten Aus- und Nebenwirkungen jeden Tag an ihrem eigenen Körper und Geist. Diese Anweisung wurde auch von allen Mitarbeitern respektiert. Drohen ist übrigens auch ein Schwächezeichen, weil man keinen Ausweg mehr sieht und sich seiner eigenen Schwäche bewusst wird. Beim Drohen fehlen dem Menschen die nötigen Kommunikationsmittel und zeigen sein eigenes Unvermögen und seine Schwäche. Drohen erzeugt beim Patienten und bei allen anderen Menschen nur Angst, Verzweiflung, Panik und Gegendruck.

Silvia reagierte sehr heftig, als der Arzt und das Medikament Nozinan zur Sprache kamen. Angstzustände lassen sich auch mit Medikamenten beheben. Möglicherweise können sie bei einem Patienten eine gewisse Verminderung verursachen. Angst muss therapeutisch behandelt werden, wenn man Erfolg haben will. Diese Behandlung erfordert aber vom Patienten wie vom Therapeuten viel Engagement und Geduld und Verständnis. Angst löst starke Aggressionen und Panik aus, dabei kann die Absicht entstehen, eine Sache oder gar ein Lebewesen zu beschädigen oder zu zerstören. Die Angst und die Zerstörungswut können bis zur eigenen Selbstzerstörung führen, also zum Suizid.

Die Zerstörung des Selbstwertgefühles ist auch ein Grund, dass Angst entstehen kann. Man mutet sich nichts mehr zu, man kann es ja sowieso nicht. Das behaupten ja Vater, Mutter, der Lehrer die Pfleger und die ganze Umwelt um mich herum. Dies kann unmittelbar zu Angstneurosen, in Phobien oder Zwangsneurosen ausarten. Der Angstneurotiker und Phobiker leidet unter Zwangsvorstellungen mit besonderem Inhalt. Bei fast allen unseren Patienten zeichnet sich auch die Angst als Minderwertigkeitsgefühl aus.

„Wir können noch einen Schritt weitergehen und nach der äußersten Konsequenz des Minderwertigkeitsgefühls fragen. Dabei gehen wir davon aus, dass der Mensch von Natur aus ein Gemeinschaftswesen ist. Nichts wert zu sein in der Gemeinschaft, in der Gruppe nicht verbleiben zu können, muss für den Menschen im Urzustand eine tödliche Mangellage sein. Der Psychoanalytiker Bilz ist über ethologische Forschungen zu dem Ergebnis gelangt, dass es – nicht erst beim Menschen – eine Urangst gibt, eine aus vormenschlicher Zeit stammende, beim Menschen als Wildheitsdelikt noch wirksame Erlebnisbereitschaft, die Angst nämlich, aus der Herde ausgestoßen zu werden, und benannte diese Angst *Disgregationsangst*. Soziale Angst, in letzter Konsequenz eine Todesangst, lässt sich somit als Wesensbestandteil des Minderwertigkeitsgefühls erkennen."[29]

So sind wir nochmals bei der Frage: „Können Medikamente Ängste heilen?" Ich betone nochmals, dass sich Angst nicht mit Medikamenten beseitigen lässt. Beruhigungsmedikamente oder Antidepressiva eignen sich nur, um vorerst das Beklemmende der Angst vom Patienten fernzuhalten. Ängste engen das Denken ein. Medikamente können nötig sein, damit der Betroffene zugänglich werden kann für eine Therapie. Weiter helfen können als Hauptbehandlung nur Therapien wie Atemtherapie, Psychotherapie, Gestalttherapie wie Musik, Tanz und Malen.

„In der neueren amerikanischen Literatur besteht die Tendenz, alle unter Neuroleptika auftretenden Unruhezustände als Akathisie zu bezeichnen, die dann auch mit aggressiven Impulshandlungen bis hin zur suizidalen homizidalen (durch Todeswünsche gegen andere Personen charakterisierten) Verhaltensweisen in Beziehung gesetzt wird."[30]

Wo sind die Therapien bei Silvia gewesen? Zur Rechtfertigung der Klinken muss ich Folgendes sagen, was mir dort verschiedene Ärzte anvertrauten:

- … dieser Patient ist zu lange bei uns gewesen, aber wir haben für ihn keinen Platz gefunden. Niemand wollte ihn aufnehmen.
- … zufolge unseres Personalmangels und unserer Struktur sind wir gar nicht in der Lage, diesem Patienten noch gerecht zu werden.
- … seine Verwahrlosungstendenzen sind so stark geworden, dass er unter allen Umständen die Klinik verlassen musste.
- … ich sage ihnen ehrlich, ich kann mich mit diesem Patienten nicht mehr zurechtfinden.

Von diesen Ärzten bekam ich wenigstens eine ehrliche Antwort.

Silvia wurde ja in die Reihe der Schizophrenie-Patienten eingegliedert. Was sagen aber die Psychiater über diese Krankheit?
Rainer Tölle schreibt in seinem Buch Psychiatrie: „Schizophrenien sind im Erscheinungsbild und Verlauf so vielseitig und die Ätiologie ist so kompliziert, dass eine kurze Definition unmöglich erscheint."[31]

Professor Chr. Scharfetter lehrt: „Wir sprechen nicht von Schizophrenie. Im täglichen Umgang haben wir es zu tun mit schizophren genannten Menschen. Sie haben Erlebnis- und Verhaltensweisen gemeinsam, die konventionell als schizophren bezeichnet werden. Bei aller Vielgestaltigkeit der individuellen Ausprägung der Lebensformen solcher Menschen ist ihnen eines gemeinsam (d. h. genauer: kann man ein gemeinsames Konstrukt daran sehen): die Störung des Ich-Bewusstseins in den verschiedenen Dimensionen (Ich-Vitalität, -Aktivität, -Konsistenz, -Demarkation, -Identität). Eine solche Ich-Bewusstseins-Psychopathologie ist eine Ordnungshilfe zur Überschau und zum Verstehen der als Symptome (Merkmale, Krankheitszeichen) aus dem Gewöhnlich-Alltäglichen herausragenden, wegen ihrer Lebensbeeinträchtigung füglich als krankhaft bezeichneten Erlebnis- und Verhaltensweisen."[32]

Chefarzt Dr. med. Samuel Pfeifer der Klinik Sonnenrain schreibt in seinem Buch: „Die Schwachen tragen": „Keine andere Krankheit ist so umstritten wie die Schizophrenie. In ihren mannigfaltigen Erscheinungsformen ist die Schizophrenie sehr schwer einfühlbar, ja zum Teil abstoßend und furchterregend für viele Menschen ... Das seltsame Verhalten der Kranken, die Stimmen, die sie hören, die Ängste, die sie äußern – sie lassen sich nicht einfach auf die Störung eines Körperorgans zurückführen. Hier steht man trotz aufwendiger Forschung immer noch vor vielen Rätseln. Als eigentliche Krankheit wurde sie überhaupt erst um die Jahrhundertwende entdeckt ... Immer wieder wurden in der Geschichte die Menschen, die die typischen Störungen aufwiesen, die wir heute als schizophren bezeichnen. Die Schizophrenie ist auch nicht auf einzelne Regionen beschränkt. Sie kommt in allen Ländern und Völkern, in allen Rassen und sozialen Schichten vor.[33]

Bereits Kraepelin (1858–1926) meinte schon, dass die Schizopheniee keine körperliche Ursache habe.

Jetzt folgt noch eine ganz andere Meinung.
„Ja es gibt psychische Störungen, die auf organische Veränderungen zurückzuführen sind. Dies sind Selbstverständlichkeiten. Dazu gehören die Folgen von Unfällen, schweren Schlageinwirkungen auf den Kopf, Gefäßverletzungen, Blutungen,

Infektionen, lang dauernden Sauerstoffmangel, Tumore, Missbildungen. Klar erkennbar und klar diagnostizierbar – kein Geheimnis. Fatal ist, dass die umstrittene Existenz dieser organisch bedingten psychischen Auffälligkeiten als Modell genommen wird für alle übrigen psychischen Normalabweichungen. Diese unglückliche Annahme verhindert, dass viele Menschen verstanden werden können. Und sie rechtfertigen die Medizinalisierung der ‚Diagnostik' und ‚Behandlung' aller psychischen Auffälligkeiten der ‚Störungen' und deren wissenschaftliche Erforschung. Dass die Psychiatrie ein Fach der Medizin ist, wie die innere Medizin oder die Chirurgie, ist eine willkürliche Feststellung – nicht mehr. Je unangepasster, je ungewohnter sich der Mensch verhält, je fremder und bedrohlicher seine Erscheinung wirkt, desto beunruhigender ist es, ihn – offen oder insgeheim – als organisch oder biologisch ‚krank' zu bezeichnen.

Doch es gibt menschlichere oder sinnvollere Möglichkeiten, psychische Störungen und ihre Ursachen zu bezeichnen.[34]

Aus einem Zeitungsartikel der SB ist zu entnehmen:
„Auch die neuesten Erkenntnisse der Schizophrenie-Forschung ergeben ein verwirrendes Bild dieses Leidens. Über schwache Indizien hinaus sind weder biologische noch psychische oder soziale Ursachen bekannt. Etwa ein Prozent der Bevölkerung erkrankt mindestens einmal im Leben an einer Schizophrenie; die gehört zu den häufigsten psychischen Krankheiten. Etwa ein Drittel der Patienten und Patientinnen kann geheilt werden, bei einem weiteren Drittel kommt es immer wieder zu Rückfällen und ein Drittel wird chronisch krank.

Die Schizophrenie-Kranken sind nicht mehr in der Lage, Beziehungen im Denken und Fühlen herzustellen. Ihre innere psychische Gestalt, das ICH zerfällt. Sie leiden unter Halluzinationen, Wahnvorstellungen, Ausdrucksstörungen. Sie wissen nicht mehr, wer sie sind, sind nicht sicher, ob sie leben oder sterben. Sie kommen sich von außen beherrscht vor, glauben, ihr Körper gehöre nicht ihnen, fühlen sich überall und nirgends." Der Schreiber ist unbekannt.

Diese Erscheinung, wie sie der letzte Abschnitt schildert, ist kein Dauerzustand, sondern tritt auf in einer starken Psychose. Der Ausbruch einer Psychose hat immer einen Aufhänger, einen Grund, ein Schlüsselerlebnis, welches diese auslöst. Wir werden noch darauf zurückkommen.

Da es bis heute bei der Schizophrenie noch keine genaue Ätiologie gibt, frage ich mich manchmal, warum denn so viele Menschen mit Schizophrenie etikettiert werden?

Kommen wir wieder zurück zu unserer Silvia. Wir haben jetzt ja einen kleinen Einblick über die verschiedenen Meinungen der „Schizophrenie-Kranken" bekommen. Wir werden im Verlaufe der nächsten Seiten noch mehr hören.

Silvia bekam Angst vor dem Arzt, den man holen wollte, vor den Medikamenten, mit denen man sie beruhigen wollte. Wir wissen, dass Angst nicht verhindert oder gar beseitigt werden kann durch Medikamente. Nein, das Gegenteil ist der Fall. Allem, was den Menschen ängstigt, möchte er aus dem Wege gehen. Es wird keine Auseinandersetzung mit etwas Unangenehmen, keine Konfrontation mit dem, was Angst macht, gewünscht. Angststörungen können durch Stresssituationen ausgelöst werden. Man könnte auch sagen, dass die Schwere des Stresses die Schwere der Angststörung bestimmt. Somit muss das Ziel einer Behandlung Abbau von Stress und Konflikten sein.

Aus verhaltenstheoretischer Sicht sind die meisten Angsterkrankungen durch Lernerfahrungen erworbene Störungen.

Dazu ein kurzes Beispiel

„Ein Junge, der in der vierten Primarklasse war, machte bei einer Rechnungsprüfung eine ungenügende Note, eine 3–4. Es war das erste Mal, dass ihm das passierte. Am Mittagstisch zu Hause erzählte er, dass er eine ungenügende Leistung im Rechnen erbracht hatte. Jetzt gab es vonseiten des Vaters ein ‚unheimliches Donnerwetter'. Der Knabe wurde furchtbar beschimpft und dazu noch bestraft. Das war der Knabe, der sehr sensibel war, gar nicht gewohnt. Das Schimpfen und Toben des Vaters wollte während des Essens kein Ende nehmen.

Dieses Erlebnis oder diese Lernerfahrung führte bei dem Knaben dazu, dass er nie mehr weder in der Sekundarschule noch im Gymnasium, je über seine schlechten aber auch nicht über die guten Noten sprach. Er erzählte überhaupt nie mehr etwas über seine gemachten Erlebnisse. Das Ausrasten seines Vaters war in ihm dermaßen stark verwurzelt, dass er nie mehr mit seinem Vater über seine Probleme sprach – und er hatte Probleme, und nicht wenige, mit denen er Schwierigkeiten hatte umzugehen. Das Vertrauen zu seinem Vater war für alle Zeiten zerstört. Das Schimpfen hat ihn große Angst und eine noch größere Verunsicherung gegenüber seinem Vater gebracht, dass er eine ähnliche Situation nie mehr erleben wollte."

Mehrere aufeinanderfolgende, vielleicht sehr wenig dramatische, gleichartige Erlebnisse führen zu einem psychischen und vegetativen Lernen, sodass eine panikähnliche Reaktion zunehmend leichter und intensiver ausgelöst wird. Später kommt es dann zu einer klassischen Konditionierung, d. h. zeitlich parallele Stimuli, wie z. B. Arzt, Klinik, Medikamente, werden dann zu Angstauslösern. Unvermeidlich führt das zu einer Angst vor der Angst (Phobophobie), d. h. schon der Gedanke an eine kritische Situation kann die Angst auslösen.

Das „Ausrasten" von Silvia beim Wegnehmen oder Verstecken der Bilder, Zwangsmedikamentation, Einweisung in die Klinik lösen bei ihr eine Phobophobie aus, die dann für die nächste Umgebung verheerende Auswirkungen haben kann. Das In-den-Arm-genommen-werden von meiner Frau, endlich anlehnen können und nicht bestraft werden, das deutliche Ablehnen eines Medikaments oder das Rufen des Arztes – was bis jetzt ja immer Einweisung in eine Klinik bedeutete, war für die junge Frau eine positive und beruhigende Lernerfahrung. Es gab während des gesamten Aufenthaltes in unserem Hause nie mehr zerbrochene Scheiben, Morddrohungen oder Schlägereien. Wohl wurde die Frau oft noch sehr laut. Da ihre Bezugspersonen aber leiser sprechen, konnte auch diese Unart langsam ausgemerzt werden.

Es mussten noch andere Probleme angegangen werden. Eines Morgens nach dem Frühstück war Silvia nicht mehr zu finden. Sie war weg. Wir hatten keine Ahnung, wohin sie gegangen war oder wo wir sie finden konnten. Wir hatten auch keinen Anhaltspunkt, wohin sie sich begeben haben könnte. Vor dem Abendessen stand sie plötzlich wieder in der Wohndiele. Als sie von den Bewohnern gesehen wurde, ging ein lautes Schreien los: „Silvia ist wieder da!" Als wir das hörten, fiel uns schon ein Stein, ein sehr großer sogar, vom Herzen. Wir waren alle sehr beunruhigt.

Schuldbewusst und ängstlich stand sie nun vor uns und war äußerst verlegen. „Wo waren Sie den ganzen Tag?" war unsere Frage. „Ich möchte Ihnen das alles gern erzählen." Also gingen wir mit ihr ins Büro. Nun stotterte sie: „Ich war in der Großmetzgerei von H. Jetzt sind Sie sicher böse?"

„Nein, wir sind froh, dass Sie wieder hier sind. Was haben Sie dort gemacht?"

„Ich machte Fotos von der Metzgerei. Die Tiere schauten so traurig drein, als am Morgen Schweine, Rinder und Kälber hinter der Türe verschwanden. Ein Stier wollte nicht hineingehen. Da haben ihn die Metzger hineingeprügelt. Ich schimpfte mit ihnen. Dann hat mich der Chef der Metzgerei hereingenommen und zeigte mir den ganzen Betrieb."

„Haben Sie das Töten der Tiere auch gesehen?"

„Nein, das wollte ich nicht sehen. Die Viecher taten mir leid. Aber der Chef sagte mir, dass keines der Tiere beim Töten leiden müsse, sondern dass sie gleich tot wären. Darf ich wieder nach H. fahren?"

„Wenn das Ihr Wunsch ist, dürfen Sie wieder gehen. Aber sagen Sie uns vorher, wann Sie wieder gehen wollen und schleichen Sie nicht einfach weg, denn wir müssen wissen, wo Sie zu finden sind."

Nach dem Gespräch war Silvia froh, dass es keine Strafe gab, dass kein vermehrtes Medikament verabreicht wurde und dass von keiner Klinik die Rede war. Das Ergebnis war, dass sie nie mehr weglief und wenn sie den Drang verspürte, in die Metzgerei zu gehen, fragte sie immer vorher, ob sie wohl gehen dürfe.

Silvia beruhigte sich zusehends, wurde immer aufgeschlossener, fröhlicher und war immer gegenüber allen Arbeiten sehr hilfsbereit. Die Medikamente hatten wir schon sehr drastisch heruntergesetzt. Als wir in unserem Haus die Garage zu einem Atelier umbauten, war sie immer dabei. Es war keine leichte Arbeit. Wir mussten die Wände isolieren. Zuerst wurden sie mit einer schwarzen klebrigen Masse bestrichen, dann mussten fünf Zentimeter dicke Platten daraufgeklebt werden. Später wurden sie mit einem Netz überspannt, welches nachher die Spezialfarbe, die wir auftragen mussten, festhielt. Hier arbeitete sie wie ein Mann, wobei sie gerne das Radio oder das Tonbandgerät laufen ließ und wie schon einmal in der Klinik gehört die „schnulzige Schlagermusik" hörte. Unsere männlichen Mitbewohner drückten sich sehr gerne um diese Schmutzarbeit.

Silvia arbeitete wie ein Mann und war sehr stolz auf ihren Einsatz. Wenn sie später im Atelier arbeitete, sagte sie oft: „Das ist zum Teil mein Werk!" In der Arbeitstherapie, die Maria-Elisabeth Müller leitete und aus nichts mit den jungen Leuten die tollsten Sachen hervorzauberte, war Silvia immer mit Elan dabei und freute sich mit allen, wenn sie wieder etwas Tolles erarbeitet hatten.

In ihrem Zimmer hatte sie eine peinlich saubere und genaue Ordnung. Alles war immer aufgeräumt und in dem Kasten herrschte auch Ordnung. In der Küche war sie am liebsten mit meiner Frau. Seit ihrem ersten Tobsuchtsanfall, bei dem sie von meiner Frau in den Arm genommen wurde, hatte sie zu ihr ein speziell gutes Verhältnis und wiederholte des öfteren: „Das werde ich Ihnen nie vergessen. Das habe ich, seit ich ein kleines Kind war, nie erleben dürfen." Die Atelierarbeiten wurden alle zur besten Zufriedenheit ausgeführt. Sie machte alles mit großer Sorgfalt. Wenn eine Kollegin oder ein Kollege Schwierigkeiten hatte mit seiner Arbeit, war sie immer sehr hilfsbereit.

Immer wieder hört man das Urteil, dass Schizophrenie-Kranke besonders gefährliche Menschen seien. Durch diese Stigmatisierung wird die Wiedereingliederung solcher Menschen außerordentlich erschwert, auch dann, wenn sie wieder völlig gesund sind.

Eine Psychiatrieschwester formulierte: „In Kursen als Psychiatrieschwestern lernten wir noch klar und bestimmt, dass Schizophrenie weder eine Erbkrankheit noch eine Krankheit des Gehirns darstelle, sondern durch frühkindliche Erlebnisse erworben sei. Da ich mit einer an Schizophrenie erkrankten Kollegin zusammenarbeitete, bin ich nur noch mehr dieser Ansicht, weiß ich doch um ihre sehr schwere Jugend. Ich bin der Meinung, dass diese Menschen durch die richtige Psychotherapie geheilt werden könnten."

Es war gut, dies zu hören, denn wie kompliziert waren doch die Wege, die Silvia gehen musste. Ähnliches wird auch bei all den anderen Beispielen, die ich noch erzähle, feststellen lassen.

Unser Haus ist anerkannt für Langzeitpatienten. Nach Aussagen der Ärzte wurden uns nur „hoffnungslose Fälle" überwiesen.

Als wir nach Deutschland in die Ferien fuhren, waren wir in Augsburg in einem sehr guten Hotel untergebracht. Eines Tages kam Silvia zu uns und sagte, dass sie in Augsburg einen großen

Schlachthof gesehen habe. Sie fragte sehr scheu, ob sie wohl am nächsten Tag dorthin gehen könne und nicht am vorgesehenen Ausflug teilnehmen müsse. Wir waren in einer großen Stadt, in der wir uns nicht auskannten und in der man sich auch gut verlaufen könnte. Wir besprachen mit Silvia den ganzen Tagesablauf, gaben ihr eine Stadtkarte und setzten die Zeit der Rückkehr fest. Als wir gegen Abend ins Hotel zurückkamen, war Silvia bereits schon anwesend. Wir waren erstaunt und fragten sie: „Hat es Ihnen nicht gefallen oder haben Sie den Schlachthof nicht gefunden?"

„Nein, nein ich war schon da, und man hat mich sehr freundlich aufgenommen. Ich durfte dort auch essen. Ich wollte Sie nicht enttäuschen und zu spät zurückkommen."

„Wo habe Sie denn Ihre Bilder?"

Die brauche ich doch nicht. Ich sehe ja alles in natura. Aber der Direktor hat mir ein Buch geschenkt über den Schlachthof. Sie feiern gerade ein großes Jubiläum." Silvia zeigte uns tatsächlich ein großes, gut bebildertes Buch über den besuchten Schlachthof. Die Kolleginnen und Kollegen durften das Buch sogar in die Hände nehmen und in Ruhe anschauen. Früher gab es schreckliche Szenen, wenn nur eines ihrer Bilder berührt und angeschaut wurde. In ihren Augen hatten dann die Bilder ihre „Keuschheit" verloren und sie wurden dann oft unter Tränen vernichtet.

Jetzt muss ich doch noch erklären, warum Silvia eigentlich überall in die Metzgereien und Schlachthöfe gehen konnte. Silvia war eine junge, hübsche und schlanke Frau, die völlig normal aussah und hinter der niemand eine Krankheit vermuten konnte. Sie wusste sich gut zu benehmen und war sehr freundlich zu ihren Mitmenschen. Sie hatte die gute Gewohnheit, sich bei fremden Menschen gut einzubringen, und dies öffnete ihr oft Tür und Tor.

Es ist einfach erstaunlich, wie sich ein sogenannter kranker Mensch – ich liebe das Wort krank nicht –, wie sich ein psychisch verletzter Mensch ändern kann, wenn er wieder menschliche

Wärme und eine liebevolle konsequente Führung hat. Ein Dasein für diese Menschen ersetzt die Medikamente.

Jetzt wurde Silvia auch wieder von ihrer Zwillingsschwester fast jedes Wochenende besucht.

Nach dem Mittagessen gab es von den beiden Schwestern vielfach ein Hauskonzert. Die beiden sangen nach Schallplatten oder Tonbändern Lieder von Heino, Alexander, Vicky Leandros, Jürgen Markus, Katja Epstein und wie sie alle noch hießen. Alle Schlagersänger der Sechziger- bis Achtzigerjahre wurden durchgesungen. Manchmal wurde nicht gesungen, sondern nur ins Mikrofon geschrien. Was haben sich die beiden Schwestern wohl aus der Seele geschrien?

Warum konnte sich Silvia weiterhin so gut entwickeln? In der Klinik machte sie gar keine Fortschritte und veränderte auch nichts. Stimmt wohl die Frage von Psychiater Markus Rufer: „Kann jemand in der psychiatrischen Klinik überhaupt gesund werden? Es gibt keine Nische innerhalb der Psychiatrie, wo das vielleicht möglich ist. Aber die großen kantonalen Kliniken sind der denkbar schlechteste Ort dafür. Untersuchungen zeigen: Je häufiger und je länger jemand hospitalisiert wird, desto geringer sind seine Chancen, je wieder draußen leben zu können. In der Klinik verliert er jegliche Selbstständigkeit. Darum wäre es so wichtig, schon die erste Einweisung zu vermeiden, denn die zweite erfolgt schon schneller. Nur wer sich von Anfang an wehrt, gerät nicht in den Teufelskreis."[35]

Ich kann nur bestätigen, dass alle unsere Patienten, die in die Klinik eingewiesen wurden – zum Teil mit der Polizei –, diesen Schritt als einen bleibenden Horror betrachten. Alle sagten in der Gruppentherapie: „Uns wurde unsere Würde genommen." Einige meinten sogar: „Ich nehme mir lieber das Leben, als nochmals in die Klinik zu gehen." Wie ich schon erwähnt habe, hat Prof. Bleuler recht gehabt, als er mir riet, Kleinheime zu gründen, da in den großen Kliniken nicht immer sehr viel Erfolg erreicht würde, schon aus Zeitmangel heraus, bei größeren Verletzungen der Seele.

Dr. med. Rufer sagt weiter: „Das stimmt: Zwangseinweisungen und Zwangsbehandlungen sind riesige Probleme. Die einzige Möglichkeit, sie zu verhindern, sehe ich in der Solidarität von Außenstehenden. Wer völlig abgeschnitten ist, kommt schlechter weg als der, der draußen ein Netz von Angehörigen und Freunden hat."[36]

Viele Angehörige sind froh, wenn der Kranke eingewiesen wird und sie wieder ihre Ruhe haben. So etwas Ähnliches hörten wir schon im Abschnitt „Was war vor der Psychiatrie". Sicher können die Familienmitglieder dieser Patienten recht gestresst werden, und es braucht sehr viel Geduld und Mut, in der Öffentlichkeit auch zu einem solchen Angehörigen zu stehen. Wert und Ansehen könnten verlorengehen, wenn man einen Menschen, der nicht den allgemeinen Normen entspricht und nicht nach „unserer Uhr tickt", schützen will. Jede Zwangseinweisung kann durch den Richter angefochten werden. Die Anhörung kann aber sehr lange dauern. So lange bleibt der Betroffene aber in der Klinik und eventuell sogar auf einer geschlossenen Abteilung.

Cecile Ernst schreibt: „Chronifizierung in der Klinik?" In Anlehnung an Basaglia (italienischer Psychiater) geht Rufer davon aus, dass eine Chronifizierung psychischer Leiden, vor allem von Schizophrenen, Folge der schlechten Behandlung (Mangel an Zuwendung, Unterdrückung von Initiative, dämpfende Medikamente mit Neuroleptika) in psychiatrischen Kliniken sei. Basaglia wandte sich mit vollem Recht gegen Kliniken mit Tausenden von Betten, in denen die einzelnen Patienten in der Masse untergingen, nicht behandelt, nicht rehabilitiert, aber sehr lange hospitalisiert wurden. Heute ist mindestens in der Schweiz die Situation anders: Die mittlere Aufenthaltsdauer der Ausgetretenen in der Zürcher Universitätsklinik lag im Jahr 1987 bei dreißig Tagen. Vor allem ältere hirnkranke Patienten bleiben länger hospitalisiert. Die Langzeitverläufe von hospitalisierten Schizophrenen sind gut bekannt: 10 bis 15 Prozent bleiben über Jahrzehnte chronisch krank und leiden an anhaltendem Wahn, an Halluzinationen und Apathie. Knapp die Hälfte der übrigen

Hospitalisierten wird nach einer oder mehreren Krankheitsphasen wieder unabhängig und selbstständig, etwas mehr als die Hälfte weist leichte chronische Zustände auf, bei denen ein Leben außerhalb der Klinik mit Unterstützung möglich ist. Der Krankheitsverlauf hängt weniger von der Zahl und der Dauer der Hospitalisierung ab als vielmehr davon, ob die Krankheit akut oder schleichend begonnen hat und ob der Patient vor der Erkrankung selbstständig und kontaktfähig war.[37]

Wenn Dr. Marc Rufer von der Chronifizierung psychischer Leiden spricht, dann meint er sicher nicht die Zustände, die damals in Italien herrschten und von denen Basaglia berichtete, etwa die psychiatrischen Klinik Santa Maria Della Pietà. Sie beherbergte 1570 Patienten. Auf 130 Insassen kam ein Schrank, auf 50–60 Patienten ein Bad, auf 60 Kranke ein Aufenthaltssaal. Möglichkeiten zur Beschäftigung gab es nicht, und ca. 45 Personen waren eingeschlossen in einem Raum von 25 m². Er meinte ganz deutlich die Zustände in unseren Kliniken, die sicher nicht mit den Verhältnissen in Italien zu vergleichen sind. Er spricht von unseren Verhältnissen.

Mit der neuen Gesundheitsreform, die zum Schließen von Spitälern und Bettenabbau in den psychiatrischen Kliniken führte, musste die Aufenthaltsdauer der Patienten verkürzt werden, sonst hätten sie noch mehr Notbetten und Matratzen in den Gängen der Klinik bereitstellen müssen, weil alle Zimmer bereits überfüllt waren. Wie haben einzelne Kliniken sich aus den Schwierigkeiten herausgewunden? Sie machten ihre eigenen sogenannten „Wohnheime". Die Betreuung war aber dieselbe wie in der Klinik. So hat die Klinik wieder ihre Langzeitpatienten.

Es ist zum Teil auch heute noch so, dass in der Psychiatrie große Klassenunterschiede gemacht werden. Die Sichtweise wissenschaftlicher Richtungen ist nicht sehr verschieden. Aber die Behandlung des psychisch Verletzten kann grundlegend anders sein. Jeder Privatpatient kann sich nur „die Finger schlecken".

Silvia, die Langzeitpatientin der Klinik, entwickelte ihre Persönlichkeit immer stärker. Sie wirkte sehr aufgeschlossen und führte mit uns auch nur realistische Gespräche. Die Medikamente wurden gewaltig reduziert. Jetzt tauchte auch der Wunsch nach einer eigenen Wohnung und einem Auto auf, der ja bereits schon in der Klinik Gesprächsstoff war. Wir wollten diese Wünsche nicht in die Irrealität abschieben. Ihre Wünsche nahmen wir ernst, zeigten sie doch, dass sie ihr Leben gern in die eigene Hand nehmen wollte.

Wir hatten auch Klienten, die sagten: „Mir gefällt es hier so gut, ich will immer hier bleiben." Das hörten wir gar nicht so gern, denn in diesem Satz liegt Resignation, Rückzug, Angst und auch Bequemlichkeit. „Hier passiert mir nichts, sobald ich aber weg bin ..." Ja, dann kommt die Angst vor der Lernerfahrung, die gemacht wurde und die sehr tief und stark verwurzelt ist.

Hier muss ich anfügen, dass wir keinem unserer Klienten eine Arbeitsstelle suchten. Sie mussten das aus eigener Initiative tun. Wohl gaben wir ihnen Unterstützung, aber es war und musste ihr Versuch in die Selbstständigkeit sein.

Bis jetzt lebte Silvia von der Invalidenversicherung, Ergänzungsleistungen und der Sozialhilfe der Gemeinde und stand unter Vormundschaft. Unsere zukünftigen Gespräche mussten darauf abzielen, wie sich die Frau ihre Wünsche wohl selber erfüllen könnte. Wir nahmen ihre Gedanken ernst und redeten ihr nicht ein, dass dies alles unmöglich sei bei ihrer Vergangenheit. Wir hatten aber auch nicht den Eindruck, dass sie in einer reinen Fantasievorstellung lebe. Sie schätzte es sehr, dass man an sie glaubte. Sie hatte endlich das Gefühl, ernst genommen zu werden. Wir konnten über alle ihre Anliegen, Sorgen und Nöte sehr offen und ehrlich sprechen. Wir versuchten sie so zu führen, dass man ihr nichts verbieten musste, sondern dass sie selber merkte, dass sie möglicherweise bei dem angesprochenen Schritt Fehler machen könnte oder eine Idee noch nicht ganz reif war, die sie in die Tat umsetzen wollte. Die Gespräche brauchten unheimlich viel Fingerspitzengefühl und waren nicht nur für Silvia anstrengend, sondern auch für uns. Doch diese realistischen Gespräche, die wir führten, musste Silvia einfach durchstehen. Sie musste selbstständig und eigenständig werden. Dieses Vorgehen galt nicht nur für Silvia, sondern für alle unsere Klienten, die den Weg in die Selbstständigkeit gehen wollten. Sie mussten sich aus ihrem In-Watte-gehüllt-sein herausschälen können. Ich muss aber eingestehen, dass Silvia nicht immer falsch lag, sondern dass auch wir unsere Meinung ändern mussten. Wer eigene Kinder hat, der weiß, dass nicht nur immer die Eltern im Recht sind, sondern dass auch die Kinder im Recht sind.

Eines Tages fragte uns Silvia, ob sie die Metzgerei in F. besuchen dürfte. „Haben Sie Auszugsgedanken?" war meine Frage. Sie lachte und meinte: „Ich bin sehr gerne hier, aber Sie kennen meine Wünsche und Ziele." Natürlich erhielt Silvia die Erlaubnis und war zur abgemachten Zeit auch wieder von ihrem Besuch zurück und wollte gleich mit uns sprechen. Sie eröffnete uns, dass sie in der Großmetzgerei in F. arbeiten könnte. Das Stellenangebot an Silvia überraschte uns sehr, obwohl wir wussten, warum sie nach F. fuhr.

„Sind Sie nicht einverstanden?", fragte sie.

„Diese Nachricht freut und sehr. Wie soll es jetzt weitergehen?"

„Ich möchte noch bei Ihnen bleiben und von hier aus zur Arbeit gehen, bis ich so viel Geld verdiene, dass ich mit meiner Schwester, die bei den Städtischen Verkehrsbetrieben als Tram- und Busführerin arbeitet, eine Wohnung nehmen kann und nicht mehr auf die Invalidenversicherung und die anderen Sozialleistungen angewiesen bin."

Der Vorschlag von Silvia war sehr gut. Jetzt mussten wir noch die Bewilligung des Vormunds einholen.

„Oh je, der erlaubt es doch nicht." Eine große Enttäuschung wurde in ihrem Gesicht sichtbar. Ihre Handtasche wurde zu Boden geschleudert. Wir dachten, dass Silvia nach langer Zeit wieder explodieren könnte. Ich antworte noch nicht, sondern wartete, was noch geschehen könnte.

Jetzt kam mir meine Frau zuvor. Sie nahm Silvia erneut in den Arm und sagte ihr: „Silvia, haben Sie keine Angst. Das schaffen Sie alles schon. Vertrauen Sie sich selber. Sie haben es bis jetzt so gut gemacht, dass Sie auch weiterhin Erfolg haben werden. Sie haben es bis jetzt so gut gemacht und Ihr Leben in die Hände genommen, so werden Sie es auch weiterhin gut meistern, alles, was auf Sie zukommt. Vertrauen Sie sich selbst."

Jetzt war das Eis gebrochen. Sie umarmte meine Frau und gab ihr auf beide Wangen einen Kuss. „Danke, danke." Mehr sagte sie nicht. Ganz ruhig ging sie in die Gruppe zurück und verrichtete dort ihre Arbeit, die sie noch erledigen musste. Später hörten wir dann, dass sie mit ihren Bildern Gespräche führte. Wenn Silvia allein war und etwas verarbeiten wollte, dann nahm sie oft noch ihre Bilder zum Gespräch hervor.

Nun kam das Gespräch mit dem Vormund. Wir saßen am Tisch. Silvia setzte sich ganz in die Nähe meiner Frau und mich, so fühlte sie sich etwas sicherer. Sie musste jetzt ihrem Vormund ihre Pläne selbst erläutern. Uns ist dabei aufgefallen, dass sie wieder einige Bilder unter ihrem Pulloverversteck hatte. Die Bilder gaben ihr offenbar immer noch eine gewisse Sicherheit und auch Mut. So erklärte sie ihrem Vormund, dass sie in der Metzgerei arbeiten wolle und später mit ihrer Schwester in eine eigene Wohnung ziehen möchte. Sobald sie dann auch genügend Geld gespart hätte, wolle sie sich auch ein Auto kaufen.

Die Antwort kam sogleich: „Das sind wieder einmal Luftschlösser, die Sie bauen", meinte der Vormund. Ruhe herrschte einen Moment lang, und dann: „Und die Vormundschaft, die wollen Sie auch noch aufgeben?" Klar und sehr deutlich meldete sich Silvia: „Das ist wohl selbstverständlich. Wenn ich schon arbeite und meinen Lebensunterhalt selber verdienen kann, dann brauche ich auch keinen Vormund mehr." Der Kopf des Mannes begann zu glühen und er wollte aufstehen. „Sie bauen immer noch Luftschlösser und immer noch die gleichen. Sie haben dieselben irrealen Vorstellungen wie früher. Ich bin enttäuscht. Schade, dass ich gekommen bin."

Jetzt musste ich widersprechen: „Nein, es ist nicht schade, dass Sie gekommen sind. Warum soll Silvia nicht die Chance haben, in einer Metzgerei zu arbeiten? Sie kann das alles von hier aus machen. Sie hat unsere volle Unterstützung. Die Zeit wird dann zeigen, ob sich ihr Mündel tatsächlich nur mit Luftschlössern und irrealen Ideen beschäftigt. Wir sind der Meinung, dass Silvia das alles schaffen wird. Selbst die Aufhebung der Vormundschaft liegt im Bereich des Möglichen."

Nun setzte sich der Vormund wieder und schaute mich lange an, als ob er sagen wollte: „Sind Sie jetzt auch verrückt?" Meine Frau brachte inzwischen Kuchen und Kaffee. Da alle still blieben, konnte er sich jetzt beim Kaffeetrinken und Kuchenessen etwas beruhigen. Silvia rutschte sehr ungeduldig auf ihrem Sitz hin und her. Jetzt war die Stimmung sehr gespannt und recht ungemütlich, denn wir wussten nicht, wer als Nächster tatsächlich explodieren könnte. War es Silvia oder der Vormund? Denn er war sehr betroffen über das Ansinnen seines Mündels. „Gewitterstimmung", dachte ich und wartete einfach auf den nächsten grellen Blitz.

Endlich die Erlösung: „Ja was meinen denn Sie, Herr Müller?"

„Ich kann nicht von Luftschlössern und irrealen Vorstellungen reden. Bis heute hat sich Silvia sehr real benommen, und wir hatten nie den Eindruck, dass sie ihre Wünsche nicht verwirklichen könnte. Sie hat ihre Gedanken sehr unter Kontrolle. Wir haben sie als aufmerksame, arbeitsame, hilfsbereite und denkende Frau kennengelernt und konnten mit Zustimmung unseres Hauspsychiaters die Medikamente absetzen. Ich bitte Sie zuzustimmen, dass Silvia diesen Arbeitsversuch in F. machen kann. Und ich bitte Sie und die ganze Vormundschaftsbehörde, das Vorurteil endlich beiseite zu lassen.

Erstaunt frage er: „Was, sie hat keine Medikamente mehr?"

„Ja so ist es, ich brauche keine mehr", antwortete Silvia.

Der Vormund wollte Silvia hinausschicken und mit uns alleine reden.

„Lieber Herr XY, wir reden über ihr Mündel, und sie hat das Recht, anwesend zu sein bei unseren Gesprächen, die ausschließlich Ihr Mündel betreffen. Es ist meine Gewohnheit, dass ich nicht über Menschen rede, die nicht anwesend sind und ihre Meinung nicht vorbringen können. Ich ersuche Sie höflich, meinen Einwand zu akzeptieren."

„Das muss mit der Vormundschaftsbehörde besprochen werden."

„Ich nehme an, dass Sie genügend Kompetenzen haben, diesem Arbeitsversuch zuzustimmen. Für das braucht es sicher keine Behörde."

„Übernehmen Sie die ganze Verantwortung für diesen Arbeitsversuch?"

„Das ist klar, damit habe ich keine Mühe."

„Gut, machen Sie, was Sie wollen. Ich meinerseits werde die Behördenmitglieder informieren. In diesem Falle übernehme ich keine Verantwortung für dieses Experiment." Gesagt, aufgestanden, und weg war er.

Bei uns ging ein hörbares Aufatmen durch den Raum. „Der wird meine Wünsche nie bewilligen", meinte Silvia.

„Jetzt haben Sie es in der Hand. Sie müssen sich bewähren und nicht Ihr Vormund. Der hat beim heutigen Gespräch versagt. Sie aber werden nicht versagen. Einverstanden?"

„Einverstanden, ich werde es denen schon zeigen!"

Das „ich werde es denen schon zeigen" hatte etwas Drohendes, was uns nicht gefiel. Aus diesem Grunde sagte ich zu ihr: „Sie haben unser Vertrauen und Sie müssen jetzt Ihr Können nur sich selber beweisen und sonst niemandem."

Unsere Klientin telefonierte nach dem Gespräch sogleich mit ihrem Arbeitgeber und teilte uns dann mit, dass sie am Montag die Arbeit aufnehmen könne.

Sie war am Montag schon früh auf den Beinen, machte in der Küche ihr Frühstück bereit, lief nachher etwas aufgeregt – aber ohne Bilder – zum Bahnhof, denn sie musste mit dem Zug zu ihrem Arbeitsort fahren.

Am Abend kam Silvia ganz begeistert zurück und erzählte allen, dass sie in der Wäscherei die Schmutzwäsche sortiert, waschen, zusammenlegen und versorgen durfte. Der Chef sei mit ihr zufrieden gewesen. So arbeitete Silvia einige Monate in F. Sie musste immer mehr Verantwortung übernehmen. Sie machte auch Überstunden, sodass wir uns langsam um ihre Gesundheit sorgten.

„Ach was, ich bin kerngesund. Sie müssen keine Angst haben um mich. Sie wissen ja, ich möchte mit meiner Schwester eine eigene Wohnung mieten und ich muss auch sparen für mein Auto." Ich muss gestehen, dass wir das Auto auch als eine Illusion ansahen, aber wir täuschten uns gewaltig. Nach einigen Monaten unterbreitete uns die junge Frau, dass sie nun die ganze Wäscheabteilung selbstständig führen müsse und noch drei Frauen zugeteilt bekommen habe, denen sie Anweisungen geben müsse und die ihr unterstellt seien. Das freute uns mächtig.

„Wenn ich zum Beispiel erlebe, wie eine Patientin durch das Absetzen des Neuroleptikums endlich aus ihrer jahrelangen Abkapselung von Mitpatienten und Personal aus ihrer Einigelung und aus ihrem Zimmer heraus kann und sich selber um ein neues Lebensumfeld kümmert ..."[38] So hat sich auch Silvia aus ihrer Einigelung und Ummauerung von Kliniken und Behörden befreien können, allerdings auch erst nach dem Absetzen aller Medikamente.

Ein paar Wochen später mussten wir Silvia auf Folgendes aufmerksam machen. „Ihr Erfolg ist sehr erfreulich. Wir haben an Sie geglaubt und Sie haben allen bewiesen, dass Sie keine Luftschlösser bauen. Sie verdienen jetzt so viel Geld pro Monat, dass Sie sich bei der Invalidenversicherung abmelden und langsam daran denken, dass Sie uns verlassen sollten."

„Wollen Sie mich nicht mehr?"

„Sie sind bei uns immer willkommen und wir lassen Sie sicher nicht gerne ziehen. Aber Sie haben sich doch einiges vorgenommen. Sie wollen das Ziel der Selbstständigkeit erreichen. Sie wollen Ihrem Leben einen ganz neuen Sinn geben. Sie haben das 25. Altersjahr hinter sich. Jetzt müssen Sie nun den Mut haben, da Sie ja eine feste Anstellung haben, Ihren Weg zu gehen, für den Sie so hart gearbeitet haben. Sie können Ihr Geld selber gut verwalten und müssen es nicht verwalten lassen. Jetzt ist die Zeit gekommen, um den Schritt in die Freiheit zu wagen. Sie dürfen jederzeit zu uns kommen und wir sind weiterhin da für Sie."

„Sie haben recht. Ich gehe nicht gerne weg von hier, denn hier habe ich endlich mein Zuhause gefunden. Bitte helfen Sie mir noch, diesen letzten Schritt zu machen."

Es gab noch einige harte und mühselige Gespräche mit dem Vormund und der ganzen Behörde. Es wurden nochmals schriftliche Erkundigungen bei unserem Psychiater und uns und beim Arbeitgeber eingezogen. Silvia wurde nochmals von einem anderen Psychiater begutachtet. Es war keine schöne Zeit für Silvia. Hin und wieder hatten wir sogar Angst, dass sie wieder aufgeben und in den alten Zustand zurückfallen könnte. „Es ist doch einfacher, ich spinne und habe dann wieder meine Ruhe, als all diese Demütigungen, Zweifel und seelischen Strapazen auf mich zu nehmen", meinte sie.

Ich zitiere erneut Dr. Marc Rufer: „Zwangsbehandlungen sind riesige Probleme. Die einzige Möglichkeit, sie zu verhindern, sehe ich in der Solidarität von Außenstehenden. Wer völlig abgeschnitten ist, kommt schlechter weg als der, der draußen ein Netz von Angehörigen und Freunden hat."[36] Da die Eltern in der Zwischenzeit verstorben waren, mussten eben wir und ihr Arbeitgeber hinter ihr stehen und ihre Anliegen verteidigen und vertreten.

Innerhalb von 1 ½ Jahren konnte sich die Frau von all ihren Fesseln befreien. Sie lebte ohne die IV. Ergänzungs- und Sozialleistungen der Gemeinde. Mit Wehmut im Herzen zog sie von uns weg in eine Wohnung mit ihrer Schwester. Öfter kamen beide, Silvia und die Schwester, am Sonntag zu Besuch und besangen uns nach dem Essen den ganzen Nachmittag.

Eines Tages kam sie allein und grinste über das ganze Gesicht.

„Ha, denen habe ich es jetzt gezeigt."

Wir hofften schwer, dass sie nicht mit jemandem Streit gehabt hatte und eventuell „edles Porzellan" zerschlagen hatte.

„Sehen Sie hier, schauen sie diese Fackel gut an!"

Jetzt waren wir wirklich erstaunt. Sie zeigte uns den Führerausweis, den sie gerade gemacht hatte.

„Das erste Mal habe ich bestanden. Ist das nicht etwas? Ich bin doch nicht blöde, wie man immer über mich urteilte."

Wir gratulierten Silvia zu ihrem Erfolg und feierten das Ereignis.

„Noch nicht, aber bald. Ich habe viel Geld gespart, sodass ich mir einen Gebrauchtwagen kaufen kann und diesen auch bar bezahle. Ich will kein Geld aufnehmen und auch keines leihen, keine Abzahlung und auch keinen Leasingvertrag."

Erinnern wir uns noch an den Klinikbericht: „Zu Geld habe die Patientin ein eigenartiges Verhältnis. So sei sie einerseits sehr sparsam und übergenau in der Verwaltung ihres Sackgeldes, anderseits neige sie dann plötzlich wieder zu unüberlegten, finanziell nicht abgesicherten Einkäufen."

Kann sie wirklich nicht mit Geld umgehen?

Wie gesagt, so getan. Bald danach besuchte sie uns mit einem roten Opel und lud uns zur „Jungfernfahrt" ein.

Wir freuen uns immer wieder, wenn wir von ihr etwas hören. Manchmal kommt eine Karte aus dem Ausland, wo die beiden Schwestern sich gerade aufhalten.

Silvia kann sich im Leben behaupten. Es ist wichtig, dass man einem solchen Menschen Vertrauen schenkt und auch an ihn glaubt. Oft wollte sie zu uns Vater und Mutter sagen, aber das wollten wir nicht. „Wir sind gute Freunde", das sollte genügen, und so ist es bis heute geblieben. Denn schließlich hat sie doch Vater und Mutter gehabt.

So brachte sie uns eines Tages auch die freudige Nachricht, dass ihre Vormundschaft aufgehoben sei.

Als Silvia von uns wegging, sagte sie zu uns: „Ich will mich durch nichts mehr kränken lassen und will mich durch meine

Umgebung auch nicht mehr krank machen lassen. Für mich sind sämtliche Psychopharmaka überflüssig. Ich bin allen sehr dankbar, die mir geholfen haben, mich aus dieser Hölle loszukaufen und die mich gelehrt haben, meine möglichen Grenzen zu erkennen. Ich bin jetzt wirklich glücklich."

Was sagt Frau Cècile Ernst: „Aber der nächste Antipsychiater, welcher auftritt, sollte nicht nur antipsychiatrische und ideologisch geprägte antigenetische Literatur kennen. Wenn er Medikamente und Kliniken ablehnt, so soll er uns zeigen, wie man psychisch Schwerkranke, die bekanntlich wegen Hoffnungslosigkeit oder ihren Wahnvorstellungen in der Regel keine ambulante Therapie aufsuchen, im Alltag ohne Medikamente und Klinik so betreut, dass sie für sich selber und ihre Umgebung nicht zur unerträglichen Belastung werden."[39]

Frau Ernst hat insoweit recht, als nur die Klinik bleibt, wenn keine gangbaren Alternativlösungen gezeigt werden und diskutiert werden können.

Mit Silvia und allen folgenden Beispielen zeige ich eine Alternativlösung. Und Lösungen gibt es, wenn man sich darum bemüht und man zum psychisch schwer verletzten Menschen endlich eine ANDERE Einstellung bekommt und nicht nur eine Geisteskrankheit sieht und damit den Hintergrund dieser Krankheit vergisst.

Silvia ist immer noch mit ihrer Schwester zusammen. Leider musste sie sich einer Chemotherapie unterziehen, da man in ihrem Körper einen Krebsherd entdeckte.

Wenn jemand keinen mütterlichen oder väterlichen Menschen erlebt hat, der ihm das Rückgrat stärkt und ihm Mut zum Wagnis geschenkt hat, braucht er einen Mutter- oder Vaterersatz.

Kurt und die Angst
seiner Kolleginnen und Kollegen

Kurt ist in seinem Zimmer. Er saust wie ein wild gewordener Löwe die Wände entlang. „Hören Sie doch, wie aus diesem Radiator heraus die Stimmen rufen. Wie mich alle Geheimdienste verfolgen. Hören Sie, ich soll mich umbringen. Wie soll ich das tun? Hören Sie das hämische Grinsen." Es wird mit den Fäusten auf den Radiator eingeschlagen, sodass sie bluten. Er wollte aus dem Zimmer rennen. Er rannte nur in meine Arme, wobei ich eine saftige Ohrfeige kassierte. Eine Blumenvase, die im Zimmer stand, wurde mit den Blumen mir entgegengeschleudert. Ich war nass und die Vase zerbrochen auf dem Boden und die Blumen neben den Scherben.

Die Stimmen, die Kurt hört, die Geheimdienste, die ihn verfolgen – das alles gibt es nur in seinem Kopf. Wenn Kurt zu Hause das Zimmer zertrümmerte oder wenn er Menschen tätlich angriff, weil er glaubte, es seien seine Feinde, ja, wenn er sogar in seinem Wahn gegen die eigenen Angehörigen tätlich wurde, dann wurde er mit Polizeibegleitung in die Klinik gebracht.

Dort wurde er weiter mit Tranquilizern gefüttert. Diese können bei impulsiven Menschen den Ausbruch von Gewaltaktionen noch begünstigen.

Stellen Sie sich vor. Er ist nicht der Einzige, der mit solchen Symptomen in die psychiatrische Klinik eingewiesen wird. Es hat noch andere, die hin und wieder auch Stimmen hören, die auch glauben, dass sie verfolgt werden. Die in ihrem Kopf Gott oder der Teufel sind. Und so wird es sicher nötig, dass Tranquilizer und andere Psychopharmaka den erregten Menschen sogleich verabreicht werden, sodass die Betreffenden vor sich hin dämmern, aber im Moment von unerträglichen Ängsten befreit sind. Nach der Wirkung des Medikaments werden sie später aber wieder erneut erregt. Man muss eindeutig zugeben, dass die psychiatrischen Kliniken viel ruhiger geworden sind, als dies noch vor 1950 der Fall war. Diese Ruhe ist auf die schlafenden und apathischen Patienten zurückzuführen, die mit Medikamenten ruhig gestellt werden und leider nicht mehr sie selbst sind. Ihre Persönlichkeit existiert nicht mehr.

1948 arbeitete ich als Praktikant in der Klinik für Epilepsie. Zu dieser Zeit waren die Psychopharmaka erst langsam im Kommen. Für Patienten, die herumtobten, standen immer einige Badewannen voll Wasser bereit. Damit man sie ins Wasser werfen konnte und sie durch den Schock etwas ruhiger wurden. Noch schlimmer waren die Senfwickel, die ganze Person wurde in Tüchern und Senf eingewickelt, sodass sie sich nicht mehr bewegen konnte. Diese Wickel wurden gerade zu dieser Zeit dann auch verboten. Vor gut 60–70 Jahren wurde noch mit altertümlichen Mitteln gearbeitet.

Jetzt sind wir aber bei Kurt und nicht in der Klinik, sondern in seinem Zimmer. „Sehen Sie den Blitz?" Kurt versteckt sein Gesicht im Pullover, indem er ihn über seinen Kopf zieht. Er kommt mir wie der Vogel Strauß vor, der den Kopf in den Sand steckt, wenn Gefahr droht. Leider glaubt er, die Blitze zu sehen, die mir verborgen waren. Kurt wird nun von weiteren Betreuern und mir begleitet. Bis die schlimmsten Ängste vorbei sind, bleiben wir abwechselnd einige Stunden bei ihm. Der einzelne Betreuer bleibt bei ihm, wie er es glaubt aushalten zu können, ohne selber seine Geduld zu verlieren oder stark zu ermüden. Es gibt ein absolutes Minimum an Medikamenten, wenn möglich gar keines. Die Aufgaben von uns sind Folgende: Schweigen, wenn nötig mit dem Patienten das Gespräch weiterführen, Hände halten, damit er beruhigt sein kann und merkt, dass jemand da ist für ihn. Wenn nötig, die Person beruhigen und versuchen, die Angst zu vermindern. Dem Patienten einfach zeigen, dass wir da sind für ihn und seine Schmerzen, Nöte und Verzweiflung, die ihn plagen.

Die momentane Situation wird sehr ernst genommen. Es wird nichts korrigiert, es werden auch keine Vorwürfe gemacht. Dieser

Zustand kann tage- oder nächtelang dauern. Kurt kann realisieren, dass er nicht allein ist, dass er begleitet wird. So können die Angst, die Verzweiflung und die für uns nicht hörbaren Stimmen wieder seinem normalen Wachbewusstsein Platz machen. Dies stellt recht große Anforderungen an die jeweiligen Betreuer. Auf diese Art und Weise kann mit viel weniger Medikamenten ein viel besseres Resultat der Rückbegleitung zum klaren Wachbewusstsein und wieder zur Selbstständigkeit erreicht werden. Diese Methode hat gegenüber den Medikamenten noch einen Vorteil. Der betreffende Patient macht die Erfahrung, dass er in seiner Stresssituation, wie die eben geschilderte, nicht allein ist, dass er begleitet ist und letzten Endes nicht allein in einem Isolierraum wieder zu sich selber findet. Die Psychosen werden oft sehr schmerzhaft erlebt vom Patienten und auch von seinen Begleitpersonen. Das Wissen aber, ich bin nicht alleine, ich werde begleitet, nimmt ihm zum Teil die Angst vor der Angst einer neuen Psychose.

Wir müssen versuchen, bei allen Patienten die Angst zu vermindern. Sie müssen mit uns zusammen versuchen, diese Angst zu überwinden. In den Gruppengesprächen hörten wir von den einzelnen Patienten Folgendes:

„Die Angst ist sehr quälend. Wenn ich so Angst habe, laufe ich hin und her und weiß nicht warum. Ich finde dann gar keine innere Ruhe. Ich suche das Weite und kann mich darin verlieren. Wenn ich von dieser quälenden Angst ergriffen werde, dann muss ich viel Platz um mich herum haben (nicht angeschnallt sein oder in einem Raum eingesperrt werden). Diese Angst bringt mir eine große Sehnsucht nach etwas, nach etwas, das ich nicht erfühlen kann. Ich muss dann versuchen, weder Angst noch Sehnsucht zu haben, was einfach nicht gelingen will. Wenn aber dann das große und unheimliche Etwas auf mich zukommt, dann bin ich viel ruhiger, wenn jemand bei mir ist, wenn jemand meine Hand hält. Ich fühle mich dann nicht so verlassen. Ich fühle mich dann sicherer vor dem großen, unheimlichen Ungeheuer, welches ich überhaupt nicht kenne und nichts von ihm weiß, das aber auf mich lauert."

Die Angst, die psychotische Einbildung lässt in diesen Momenten durch seine Halluzination ein Tier, ein Ungeheuer erscheinen. Diese irreale Gestalt wird öfter mit Händen und Füßen bearbeitet. Dabei ist es möglich, dass eben auch einmal die Begleitperson getroffen wird. Nicht aus Absicht, sondern weil wir uns in seinem Hirn zu diesem unbekannten Etwas verwandeln.

„Unruhe, im Zweifel sein, aus der Fassung kommen, sich nicht auf die Arbeit konzentrieren können, zu anderen abweisend und verschlossen sein, sich abkapseln und verschließen, das macht mir so unheimliche Angst. Die Angst lässt mein Herz höher und schneller schlagen und macht mich auch wütend und einen ganz anderen Menschen aus mir. Oft möchte ich dann auch meine Begleitperson schlagen, was ich doch gar nicht will. Wenn alles in mir selber drunter und drüber geht, ist auch mein Begleiter eine fremde Person."

„Wenn ich Angst habe, will ich mich vor anderen verstecken. Das wirkt dann immer so komisch und aggressiv auf meine Umgebung. In der Gemeinschaft müsste ich mich eigentlich wohlfühlen. Ich fühle mich wohl, wenn ich nicht selber der Grund der Meinungsverschiedenheiten bin."

„Wenn man sich aus Angst abkapselt, trifft man auch den anderen. Wenn man es selber verkraften kann, ist es gut, dass man sich in diesen Momenten auch zurückziehen kann. Gemeinschaft ist aber etwas Schönes, und die brauchen wir alle. Wir müssen aber auch unsere Kollegen akzeptieren, so wie sie eben sind. Auch wir müssen verstehen lernen, dass jeder anders ist und nicht so sein kann wie ich. Das Dasein von einem Begleiter in einer schwierigen Situation ist beruhigend. Langsam verlieren sich diese Verrücktheiten bei mir, weil ich weiß, dass ich eigentlich gar keine Angst haben muss, auch wenn ich Stimmen hören sollte, weil mich dann ja immer jemand begleitet. Ich habe auch viel weniger Medikamente als früher."

„Wenn die Angst über mich kommt, dann bricht in mir alles zusammen. Ich habe dann keine Hoffnung und gute Gedanken mehr. Für mich scheint dann alles verloren. Ich habe Angst, dass mich niemand mehr will und ich einfach irgendwohin abgeschoben werde. Oft habe ich auch Angst vor meiner Arbeit, dass ich diese einfach nicht richtig machen kann. Oft gefällt mir das, was ich gemacht habe, aber es gefällt meinen Betreuern und Kollegen nicht. In diesem Moment gefällt mir überhaupt nichts mehr. Aus dieser Angst heraus fühle ich mich dann nicht mehr akzeptiert. Dann kommt die große Einsamkeit, aber auch sehr große Aggression über mich."

„Es gibt so viele Ängste. Ich habe Angst vor dem Sterben und dass ich dann meine Bilder allein lassen muss. Die Angst fühle ich immer in meinem Magen. Alles zieht sich bei mir zusammen und verkrampft sich. Man ist plötzlich von diesem Angstgefühl gepackt. Es lässt einen nicht mehr los und man ist nicht mehr fähig, etwas anderes zu denken. Man ist einfach total verkrampft. Ich brauche dann unbedingt jemanden, der mich aus dieser Angst befreit."

„Die Einsamkeit macht mir Angst. Wie soll es weitergehen, wenn ich allein bin? Ich kann mich in diesem Zustand nicht mehr überwinden, jemand anderen zu fragen, der mir helfen könnte. Ich leide daran, nicht mehr akzeptiert zu werden. Ich habe Angst, abgelehnt zu werden, was mir ja auch immer passiert ist. Ich fühlte mich an meinem früheren Arbeitsplatz nicht akzeptiert und eindeutig überfordert. Es ist so schlimm, wenn man nicht mehr geduldet wird. Wenn die Angst wie ein vermummter Würger auf einen losgeht, ist es beruhigender, wenn jemand einen in dieser Zeit begleitet, als wenn ich nur eine Tablette schlucken muss und dann doch alleine gelassen werde und meine Halluzinationen noch stärker werden. Denn in meinem Dämmerzustand sind meine Ängste nicht verschwunden. Nein, sie tauchen auf, ich weiß nicht woher. Das Gespenst ist einfach da."

„Ich habe eine entsetzliche Angst, mit einem Mann ins Bett gehen zu müssen. Dann würde ich unter einen Zug gehen oder in einen See springen. Ich habe oft Angst, mein Leben nicht mehr zu schaffen. Wenn man nicht weiterweiß, ist es schlimm." Dies ist die Aussage einer Frau, die durch einen Inzest vergewaltigt wurde.

„Angstreaktionen entwickeln neuroleptisch Behandelte auch ohne die Diagnose Psychose. Man kann mit Triflupromazin (Psyquil) Patienten, die der Schrecken einer Station (Abteilung einer Klinik) sein können, etwas beruhigen. Das geht aber nicht immer ohne Komplikationen vorüber. Bei einigen Patienten „kam es zu stärkeren Angst- und Beklemmungsgefühlen in der Brust. Einer dieser Patienten sprang aus dem Bett und erklärte, dass es mit ihm zu Ende ginge."[40]

Das sind nun Antworten von psychisch verletzten Menschen, die solche Medikamente einnehmen mussten. Gewisse Medikamente verursachen einfach Angst und sind keine Hilfe. Ich habe Ihnen beschrieben, dass Kurt in seinen ganz starken Angstphasen von Betreuungspersonen über einige Stunden am Tage und auch in der Nacht begleitet wurde. Ich wiederhole: Die Aufgaben der Begleitpersonen ist wenn nötig schweigen, schwatzen, Hände halten, kurz: einfach da zu sein, zu beruhigen und Ängste wegzunehmen oder zu versuchen, sie einzudämmen.

Der Mensch braucht Gemeinschaft. Einsamkeit macht Angst. Das Individuum wird verkrampft. Wenn jemand nicht mehr weiterweiß, wird er noch verkrampfter und in dieser Verkrampfung – ins Hineinsteigern von Ängsten – bricht dann die ganze Welt zusammen.

Wenn die Ängste von Kurt zu stark waren, dass die Stresssituation so heftig war und er es kaum mehr aushielt, schrie er: „Ich bringe mich um, ich springe aus dem Fenster, ich lege mich unter den Zug. Ich kann nicht mehr, ich will nicht mehr." Selbst mit wenigen Beruhigungsmitteln konnten wir ihn trotzdem nicht allein lassen. Jetzt war die Anwesenheit eines Betreuers dringend notwendig. In wenigen Fällen ging die psychische Attacke über 24 Stunden. Gerade in diesen Phasen, wenn der

Patient glaubt, er sei einsam, wenn er allein gelassen wird oder wenn er glaubt, von allen verlassen zu sein, dann sind Suizide sehr wohl möglich. Dies ist nicht nur bei Patienten einer Klinik möglich – wo Suizide vorkommen –, sondern auch bei allen anderen Menschen. Leider haben wir in der Schweiz mehr Selbstmorde als Verkehrstote. Es ist sehr überraschend, dass für viele junge Frauen und Männer der Suizid gar nicht so etwas Fremdes ist, wie dies Dr. med. Rothschild aufzeigt:

„Wenn man den Tod wie einen tiefen Schlaf, wie ein Verreisen, ein In-Ruhe-gelassen-werden, ein Abschiednehmen versteht, dann hat er nicht etwas Schreckhaftes, sondern dann ist er eben eine Lösungsmöglichkeit, vielleicht die nächstliegende gegenüber anderen, komplizierter scheinenden Lösungen, etwa die Situation zu verändern, zu einer Vertrauensperson zu gehen. Eben diese ist meist nicht vorhanden."[41]

Kurt hatte in diesen schweren Zeiten nicht nur Medikamente und ein Isolierzimmer, sondern er hatte Menschen, die bei ihm blieben, die für ihn da waren, aber dafür brauchte er immer weniger Chemie. Um aus dem Leben scheiden zu wollen, braucht es nicht nur immer diese unheimlichen Stresssituationen, wo aus allen Wänden die Stimmen tönen: „Bring dich um! Wir sind hinter dir her! Du bist verloren! Man liebt dich nicht!" Diese Stimmen haben nichts mit Dämonen zu tun, wie oft in gewissen Kreisen angenommen wird. Diese Stimmen sind im Hirn des Patienten. Angst hat sehr viele Gesichter, die schrecklich sein können. Angst kann eine dämonenhafte Fratze tragen.

Eine Krankenschwester, die sich aus dem Fenster stürzte, rief ihrer Freundin noch zu: „Ich kann fliegen und lasse diese Fratzen hier. Ich will frei sein." Der Sprung aus dem zehnten Stockwerk befreite sie von ihrem irdischen Leiden.

Solche unheimlichen Situationen braucht es wirklich nicht immer, um einen Suizid zu begehen. Der Berliner Suizidforscher Klaus Thomas stellte bei der Untersuchung von Selbsttötungsversuchen Jugendlicher fest: „Ein geringfügiges Versagen, ein leichter Tadel oder die Angst vor Strafe wegen unbedeutender Vergehen genügen scheinbar, um junge Menschen den Tod suchen zu lassen. Der äußere Anlass erweist sich häufig als nichtig, dürftig und banal, etwa Rüffel für den unerlaubten Kauf von Jeans oder Tadel für Verspätung von ein paar Minuten. Ein 14-Jähriger erschoss sich mit dem Jagdgewehr seines Vaters, weil seine Lieblingskatze gestorben war."[42]

Kommt nun ein Mensch in eine Stresssituation, die keine weitere Steigerung mehr erträgt, kapselt sich der Betreffende von der Umwelt ab, oder aber er schlüpft in eine Rolle, die ihm überhaupt nicht entspricht. Er kann eine wunderbare Fröhlichkeit vortäuschen oder er kann durch seine seelischen Verletzungen, die er nicht mehr in dieser Welt ertragen will, anstelle des Selbstmordes eben in eine neue Rolle und Welt schlüpfen, die wir als Schizophrenie oder einfach als krankhaft bezeichnen.

Im 1. Moses 4.9 lesen wir, als Kain nach seinem Bruder Abel gefragt wird: „Ich weiß es nicht, soll ich meines Bruders Hüter sein?"
Ja, sicher sollten wir unseres Bruders Hüter sein. Nicht als Vormund, Vorgesetzter oder Autoritätsperson, sondern wirklich als sein Bruder, Freund und Helfer, der ihm beisteht, wenn er in Not geraten ist. Wenn ein Schiff in Seenot ist, funkt der Kapitän SOS, und alle Schiffe, die in seiner Nähe sind, eilen ihm zu Hilfe. Leider ist immer eine Kurzschlusshandlung möglich bei:
- Einsamkeit
- Depressionen
- erheblichen Belastungen wie z. B. bei Psychosen
- Gefühle der Minderwertigkeit und des Nicht-anerkannt-seins
- Stellenverlust oder Trennungsverlust wie Tod, Scheidung, Unglück
- unglückliche Liebe
- anscheinendes Versagen
- Schuldgefühle
- Angst und Furcht, Phobien
- Enttäuschungen
- Entmutigungen und Scham

Kurt, der viele Stationen durchlebt hatte wie Einsamkeit durch das Getrenntwerden von seinen Eltern und Geschwistern, Verlust seiner Freundin, Gefühle der Minderwertigkeit durch den Verlust der Arbeit, die Scham vor der Umwelt, alles verloren zu haben – all diese potenzierten Erlebnisse lösten bei ihm vorerst eine Welt aus, in der alles drunter und drüber ging, nichts mehr an seinem rechten Platz war, und als er sich in diesem Durcheinander nicht mehr zurechtfinden konnte, kam der begreifliche Wunsch, durch Suizid Ruhe zu finden.

Bei vielen Menschen zeigen aber die Lebenserfahrungen, dass es immer wieder Wege und Mittel gibt, aus verwirrenden Lebensumständen herauszufinden, von denen man glaubt, sie seien aussichtslos. Auch die Zeit kann eine wunderbare Hilfe sein. Auch die spirituelle Einstellung kann zu einem guten Helfer werden.

Nicht der Glaube, dass ich bestraft werde, wenn ich mir ein Leid zufügen werde, sondern der Glaube und das Vertrauen, dass ich aus dieser schwierigen Lage hinausfinde, sind heilsam. Wer die Gnade der Hoffnung aber nicht besitzt, wie sie Kurt noch fehlte, der braucht nun eben einen Begleiter, einen Freund, der da ist, an dem er sich festhalten kann und der ihn festhält.

Wie ich aber schon angemerkt habe, benötigt dieses Vorgehen reife, charakterfeste Personen, die mit beiden Füßen fest auf dem Boden stehen. Es ist in schwierigen Momenten einfacher, Medikamente zu verteilen und den Patienten dann dahindösen zu lassen. Die chemische Keule wirkt vielleicht etwas schneller, wenn der Patient in Not ist, bringt aber keine Heilung oder Besserung.

Selbsttötung mag dem verletzten Menschen wohl Ruhe bringen und entledigt ihn seiner grausamen Ängste. Es bleiben aber Angehörige zurück, die trauern, sich Selbstvorwürfe machen, sich nicht nur einmal, sondern tausendmal fragen: „Was habe ich falsch gemacht? Was hätte ich besser machen können? Wo habe ich versagt? Warum war ich nicht da, als er mich brauchte?"

In solchen Momenten sind die Eltern meist mehr bei den Toten zu Hause als bei den Lebenden. Der Sog ins Jenseits ist dann so mächtig, dass viele Betroffene am liebsten auch sterben möchten. Dieses starke Nachtrauern, Nachsterben ist meistens bei Müttern und Vätern der Fall. Der Verstorbene hatte eben keine Ahnung, dass die Eltern ihm bei seinen Schwierigkeiten, seiner Krankheit nicht helfen konnten, ihn aber dennoch liebten. Was aber tatsächlich leider nicht überall der Fall war.

Eine Mutter äußerte sich bei mir: „Jetzt denke ich halt immer still, ich wünsche, bei Christine sein zu können. Ich weiß es ist nicht recht von mir, aber ich empfinde es so. Man spricht das nicht so schnell gegenüber weiteren Personen aus." Aber dieses langsam und wiederholende, stille Insichhineindenken kann dann eben auch den Suizid unwiderruflich zur Tat werden lassen.

Eine 13-jährige Tochter schreibt folgendes Gedicht:

Auf der Suche nach dem Tod

Ich möchte gerne einmal Tod sein,
einfach nur tot,
nichts sehen,
nichts hören,
mich durch nichts stören lassen,
nicht durch Ärger,
nicht durch Spott,
nicht durch Qual.
Nicht durch Angst,
nichts müssen,
nichts wollen,
nichts sollen, einfach
nichts sein im Nichts.
Selbst sein.

Fünf Jahre nach diesem Gedicht fand sie den Tod, den sie sich immer gewünscht und gesucht hatte.

Für uns alle ist es wichtig, dass wir wir selbst sein können. Wie vielen Menschen wird die Persönlichkeit am Arbeitsplatz von Kollegen und Chefs, in Schulen durch Lehrer, ja, sogar in Sozialämtern ganz einfach zerstört?

Kurt hatte ähnliche Gedanken, und er hätte dieses Gedicht auch schreiben können. Zum Glück ist es uns gelungen, diesem jungen Mann Vertrauen zu schenken, seinem Leben wieder einen Sinn zu geben – durch viele, viele Gespräche und mit Zeichnen und Malen. Er wurde durch viele Tage und Nächte einfach von uns allen getragen.

Für unsere Arbeit ist mir folgender Vers im 1. Kor. 3. 6–7 sehr wichtig: „Ich habe gepflanzt, Apollos hat begossen, aber Gott hat das Gedeihen gegeben. So ist nun weder der pflanzt noch der begießt etwas, sondern Gott, der das Gedeihen gibt." Auch unser stellvertretendes Gebet begleitet unsere Patienten.

Die reine humanistische Psychologie und Psychotherapie kann ohne den Glauben meines Erachtens nicht den Erfolg bringen, als wenn wir Gott an unserer Arbeit teilnehmen lassen und ihm die Führung übergeben. Heute wird auch immer mehr anerkannt, dass Spiritualität, die wir in unsere Arbeit einfließen lassen, eine überaus wichtige Ressource bei der Bewältigung psychischer Leiden, Krankheiten, Verluste und Trauer ist.

Kurt konnte nach vier Jahren in seinen Beruf und in seine frühere Umgebung ohne Bedenken entlassen werden. Hin und wieder besuchte er uns für ein persönliches Gespräch. Er hatte wieder das Vertrauen zu seinen Mitmenschen zurückgewonnen. Aber wir gingen mit ihm in diesen vier Jahren oft durch die „Hölle".

Das Leben ist ein Risiko. William Shed meint: „Ein Schiff, das im Hafen liegt, ist sicher. Aber dafür sind Schiffe nicht gebaut."

Susi und der Autounfall

Susi sagte mir beim Gespräch: „Ich hätte nie geglaubt, dass es so werden würde." Die 22-Jährige erinnert sich sehr gut daran, dass sie früher vonseiten ihres Stiefvaters hören durfte: „Susi, du bist aufgeweckt, du machst deinen Weg schon." Traurig fügte sie hinzu: „Ich hätte nie geglaubt, dass ich einmal in einer Klinik landen würde und das alles so herauskommt, wie es jetzt ist."

Trotz eines sehr schweren seelischen Traumas – auf das wir später noch zurückkommen – besuchte Susi den Kindergarten, durchlief die Primarschule und war anschließend eine gute Realschülerin. Dann absolvierte sie ein Haushaltslehrjahr in Zürich. Mit dem Einsetzen der Pubertät kam es immer häufiger vor, dass das Mädchen Mühe hatte, alles im Gedächtnis zu behalten und in der Nacht gut zu schlafen. Oft kam es vor, dass ein an sie gegebener Auftrag von ihr einfach vergessen wurde.

„Warum haben Sie einiges oft plötzlich vergessen?"

„Ich habe etwas anderes studiert. Was, das weiß ich nicht. Aber ich bekam dann plötzlich einen Wutausbruch. Der legte sich aber erst wieder, wenn etwas in die Brüche ging. Dies brachte mir dann komischerweise eine gewisse Befreiung und Erleichterung. Die Wut überkam mich, weil ich mich über mich selber ärgerte, dass ich etwas vergessen hatte und weil ich dann auch das Gefühl bekam, dass die Leute in diesem Moment nicht nett zu mir waren und glaubten, ich sei blöd oder dumm."

„Haben Sie das Gefühl, dass sie jemand nicht liebt?"

„Das könnten wohl mehrere sein. Es könnten auch Menschen sein, die nicht mit mir in einem Arbeitsverhältnis stehen oder mit mir in einem Team arbeiteten."

„Wissen Sie, warum Sie oft gereizt sind?"

Nein, das weiß ich nicht. Ich wäre sehr froh, wenn mir das jemand sagen könnte und wenn ich dies endlich selber wüsste."

„Sind Sie unglücklich, dass Sie einen Stiefvater haben?"

„Ja, aber ich rede über den Vater nicht gerne, das regt mich wieder auf und ich werde zornig."

Jetzt will Susi nicht mehr über ihren Stiefvater reden. Sie ist aufgeregt und zupft und reißt an ihren Kleidern herum. Wir brechen das Gespräch ab mit der Frage: „Wollen wir einen Tee oder Kaffee zusammen trinken?"

„Oh, ja, sehr gerne."

Während dieser Zwischenphase habe ich das angefangene Gespräch nicht wieder aufgenommen. Wir sprachen nur über belanglose und banale Sachen.

Susi fuhr mit drei Jahren mit ihrem leiblichen Vater im Auto. Leider verunglückten die beiden auf dieser Autofahrt. Der Vater war sofort tot, hielt aber seine Tochter unverständlicherweise noch krampfhaft fest, weil er sie ganz instinktiv vor dem Tod oder einer größeren Verletzung schützen wollte. Erst nach Stunden entdeckte man den Unfall, und die lebende, unverletzte Susi konnte aus den Armen des toten Vaters aus dem Auto, in das beide eingeschlossen waren, befreit werden.

Susi hat diesen Unfall bis heute nicht vergessen. Im Unterbewusstsein ist dieser Vorfall noch sehr präsent. Wir kommen noch auf diese Katastrophe zurück.

Nach dem abgeschlossenen Haushaltsjahr konnte das Mädchen in einem Spital ein halbes Jahr als Schwesternhilfe arbeiten. Leider musste dann dieser Versuch abgebrochen werden, da sie unzuverlässig zu arbeiten begann. Susi wurde in die Küche versetzt. Enttäuschung, Entmutigung und Scham belasteten nun ihre Psyche. Sie wolle eigentlich gar nichts mit der Küche zu tun haben. Hier wurden die Arbeiten noch ungenauer und unzuverlässiger ausgeführt. Ihre Verstimmung wurde immer stärker. Wutausbrüche, bei denen immer etwas in die Brüche gehen musste, damit, wie Susi sagte, bei ihr wieder eine gewisse Befreiung von einem Druck, den sie sich nicht erklären konnte, spürbar wurde. Die Verstimmung, ihre Enttäuschung über das Geschehene, wurde immer stärker und ihre Attacken gegen sich und die anderen immer härter und häufiger. Da man keine Zeit hatte, sich der Tochter anzunehmen und mit ihr ein Gespräch zu führen und sie auch keine Betreuungsperson hatte, die sie an die Hand nahm und durch die schwierigen Phasen begleiten konnte oder wollte, wurde sie in die psychiatrische Klinik eingewiesen. Leider ist die heutige Hektik so groß, dass man keine Zeit mehr findet, einem Lehrling oder einem schwächeren Glied in der Arbeitsgemeinschaft einen Rückhalt zu bieten. Auch wenn Susi nach Hause ging, wurden die Zornausbrüche immer heftiger, sodass sie von ihrem Stiefvater mit einem Ledergurt geschlagen und gezüchtigt wurde.

Bis zur Einweisung in die Klinik lebte das Mädchen immer zu Hause – außer beim Arbeiten. Sonst war sie nie in einer fremden Umgebung.

Meine Frage: „Haben Sie in der Klinik jemanden vermisst?"

„Ja meine Mutter. Ich bin eben immer am Schürzenzipfel meiner Mutter gegangen. Ich habe sie am Tag oft drei- oder viermal angerufen. Ich habe immer einen Weg gefunden, um sie am Telefon zu erreichen. Das viele Telefonieren wurde mir aber von meinem Stiefvater verboten. Trotzdem telefonierte ich mehr, als mir gestattet wurde." Susi suchte natürlich immer den Rat und die Unterstützung der Mutter. Ihre Mutter war aber bereits nervlich geschwächt und selber in therapeutischer Behandlung. Sie konnte ihrer Tochter auch nicht mehr die nötige Unterstützung anbieten. Und trotzdem klagte das Mädchen am Telefon und erhoffte sich eine Hilfe in ihrer Hilflosigkeit. Dieses Jammern und Klagen wollte der Stiefvater von seiner Frau fernhalten.

Den Verlust des Vaters hatte Susi noch nicht verarbeitet. Durch die vielen Telefonate wollte sie natürlich auch wissen, ob die Mutter überhaupt noch da war. Sie hatte große Angst, sie auch zu verlieren. Der Trennungsschmerz vom Vater war nicht vergessen, und andererseits hatte sie ihre Mutter bereits schon zum Teil an ihren Stiefvater verloren. Denn das Verhältnis zwischen Mutter und Tochter war nach dem Verlust des Vaters sehr, sehr eng und sehr glücklich. All diese Umstände mögen für die Zerfahrenheit von Susi eine große Rolle gespielt haben.

„Hatten Sie zu Ihrem Arzt in der Klinik eine gute Beziehung?"

„Soweit hatte ich mit meinem Arzt ein gutes Verhältnis. Ich urteile aber nicht gerne über Menschen, ob sie nett oder nicht nett sind. Es ist mir auch nicht mehr ganz bewusst, wer nett zu mir war und wer nicht nett war. In der Klinik habe ich aber Schweres und Unmenschliches durchgemacht. Man wird ausgenutzt und hintergangen."

„Was meinen Sie mit hintergangen?"

„Wenn es einem nicht gut geht, dann bekommt man einfach Tabletten. Niemand sagt, wofür die gut sein sollen. Entweder schluckt man sie oder man bekommt sie in flüssiger Form. Wenn man dies auch noch verweigert, kommen drei oder vier Pfleger, und schon wird man gespritzt. Aber es geht einem ja gar nicht besser nach den Medikamenten, ob es nun Tabletten oder Spritzen sind. Im Kopf wird dann alles noch unklarer. Das meine ich mit hintergangen."

„Was war unmenschlich?"

„Ach ja, vielleicht haben die ja recht gehabt und ich verstand es einfach nicht. Ich habe es sowieso schwer, euch Menschen zu verstehen. Wenn sich in mir etwas aufgestaut hatte und ich es nicht mehr loswerden konnte, bis ich einfach etwas zerschlagen hatte oder eine Kollegin oder einen Kollegen zusammenschlug und dadurch noch wütender wurde, kam ich in den Gurt und ins Isolierzimmer. Das war noch schrecklicher. Diese Einsamkeit war nicht auszuhalten. Man ist dann so allein und von allen verlassen. Warum bleibt denn niemand bei uns, wenn es uns schlecht geht? Solche schreckliche Phasen kommen einfach, wenn man sie lieber gar nicht haben möchte. Man wird davon einfach überfallen."

„Von wem überfallen?"

„Ich weiß es auch nicht. Es ist wie ein böser Geist oder ein böses Tier, von dem man angefallen wird. So wie das ein böser Hund macht.

Einmal hätte ich auf die Toilette gehen sollen. Eine Toilette hatte es nicht im Isolierzimmer. Da ich aber an das Bett angegurtet war und somit nicht aufstehen konnte, aber auch nicht ins Bett nässen wollte, versuchte ich, aus dem Gurt zu schlüpfen. Dies ging aber nicht. Ich schrie immer lauter und lauter und versuchte, mit der einen Faust an die Wand zu schlagen. Wohl höre man mich, aber man reagierte und half mir nicht. Man verstand auch nicht, dass ich dringend aufs WC gehen musste. Ich weiß heute noch nicht, wie ich es geschafft habe, mich von meinen Fesseln loszureißen. Auf alle Fälle war ich plötzlich frei. Jetzt stürzten Schwestern und Pfleger in mein Zimmer, warfen sich über mich und verpassten mir Spritzen. Das tat weh. Ich wurde dann aber ruhiger. Dieses Erlebnis trifft mich aber immer noch sehr tief in meinem Herzen. Das war ein sehr schlimmes Erlebnis für mich. Ich wurde mit den Spritzen abgeschossen wie ein Tier im Wald vom Jäger.

Jetzt fürchte ich mich nicht mehr so sehr vor meiner Umgebung, so wie dies früher der Fall war. Es gibt jetzt auch einige schöne und helle Stunden, und ich wurde nie mehr allein gelassen. Mit den Leuten hatte ich auch in der Klinik Schwierigkeiten. Heute bin ich so still geworden. Früher war es das Gegenteil. Ich habe so viel gesprochen. Man glaubte, ich sei ein gescheites Mädchen. Was ist heute aus mir geworden? In der Klinik wurde mein Wille gebrochen. Ich lebte mich nicht mehr selbst. Ich wurde gelebt."

Wie die Medikamente Angstzustände, Aggressionen, Verwirrtheit und emotionale Labilität verursachen, habe ich schon einige Male erwähnt. Ich musste Susi trösten, dass bei ihr nicht alles, was früher vorhanden war, nicht mehr da sein sollte. Die vielen verschiedenen Psychopharmaka haben viele gute Eigenschaften einfach verschüttet. Ich versuchte Susi zu erklären, was ich unter verschütteten Eigenschaften verstehe und wie man diese wieder mobilisieren könne. Dazu brauchte ich folgendes Beispiel: „Stellen Sie sich vor, Sie sind auf einer grünen saftigen Wiese mit vielen schönen verschiedenen Blumen. Auf diesem Land muss ein Graben ausgehoben werden. Die Erde wird neben dem Graben auf der Wiese deponiert. Muss der Graben wieder zugedeckt werden mit der deponierten Erde, kommt die Wiese wieder zum Vorschein, und die Wiese und die Blumen können sich wieder langsam erholen und es ist wieder so schön wie früher."

Sogleich antwortet Susi: „Das mag sein, aber die Blumen sind jetzt auch nicht mehr so schön."

„Das ist richtig. Aber die Wurzeln der schönen Blumen sind noch da, und sie sind unverletzt. Im nächsten Jahr oder einige Zeit später werden sie wieder mit ihrer ganzen Schönheit vorhanden sein. Wenn es nun uns gelingt, die Erde, die ihre wirkliche Persönlichkeit zudeckte, abzutragen, so glaube ich, dass wieder die alte, fröhliche und zufriedene Susi zum Vorschein kommt. Denn ihre Wurzeln sind auch noch da."

Ein tiefer Atemzug war zu hören: „Meinen Sie? Früher sagte man, ich sei gescheit und vernünftig. Heute sagt das niemand mehr. Ich merke doch selber, dass mein ganzes Benehmen anders ist. Ich bin nicht mehr der gleiche Mensch. Wie lange darf ich übrigens noch bei Ihnen bleiben?"

„Solange Sie wollen. Bis Sie wieder glauben, dass Sie draußen arbeiten können und Ihre Umgebung wieder vertragen, ohne dass es Druck auf Sie gibt. Sodass Sie dann auch niemanden mehr angreifen und verprügeln müssen."

„Das ist nett. Andere wollten mich gar nicht mehr. Selbst die Klinik hatte genug von mir.

Dabei wissen doch alle, dass ich Mühe habe mit mir selbst. Wenn mich doch niemand will – zu Hause wollen sie mich auch nicht, als Schwesternhilfe taugte ich nichts und in der Küche durfte ich auch nicht mehr bleiben. Überall Versagen!"

Nun weinte Susi, aber es gab keinen Wutausbruch. Bei solchen Gesprächen mit weiblichen Personen war ich immer sehr dankbar, wenn meine Frau auch dabei war. Sie konnte dann ohne

Weiteres die Frauen in die Arme nehmen und sie ganz mütterlich trösten. Ich konnte dies ohne Hemmungen bei den männlichen Personen machen. Frauen könnten diese Annäherung von einem Mann ganz falsch interpretieren.

Wenn man die Geschichte hört, dass die Patientin in einem Isolierzimmer einfach angegurtet und eingesperrt wird und wie sie aus lauter Angst, sie könnte ins Bett urinieren, sich losreißt und dann mit brutaler Macht überwältigt wird, so könnte man beinahe glauben, dass diese Geschichte in einem viel früheren Jahrhundert passiert sei. So wie wir das am Anfang dieses Buches gelesen haben. Oder man könnte die Aussage bezweifeln. Es ist aber eine Tatsache!

Susi sagte die Wahrheit. Dieser Vorfall ereignete sich einen Tag bevor Susi zu uns kam. Als wir sie zum ersten Mal sahen, fiel uns sogleich auf, dass ihre Oberarme auf beiden Seiten ganz blau waren. Der Arzt, der Susi begleitete, sagte, als wir die Flecken sahen, unverhohlen, dass es mit der Klientin gestern einen Zwischenfall gegeben habe, der unschön verlaufen sei. Er bestätigte auch die Geschichte, die Susi erzählte. Und er entschuldigte sich für die blauen Flecken, die die Frau an ihrem Körper hatte. Vermutlich wollte sich der Arzt auch für die blauen Flecken, die Seele und Geist erfahren haben, entschuldigen, denn er war sehr betroffen. Der Mediziner verließ kurz nachdem er bei uns war die Klinik.

Später konnten wir nochmals mit Susi über diesen Vorfall sprechen. „Warum kamen Sie eigentlich ins Isolierzimmer?"

„Ich hatte große Angst, als man mir sagte, ich müsse nun die Klinik verlassen und ich komme an einen anderen Ort am Zürichsee. Ich hatte Angst vor einer neuen Umgebung und hatte Angst, dass sie mich auch nicht wollen und dass ich am neuen Ort wieder alles falsch machen würde. Ich hatte einfach eine unheimliche Angst."

Susi war ein Wunschkind. Sie wuchs auf wie eine kleine Prinzessin. Sie war der große Stolz ihres verunglückten Vaters. Er schenkte ihr sehr viel Zuneigung, spielte mit ihr und schaukelte sie auf seinem Bauch, und sie hörten sehr viel Musik gemeinsam zusammen. Susi erwähnte des Öfteren: „Nie hatten meine Eltern

Streit. Immer war Friede und Harmonie. Meine Mutter konnte sehr gut singen. Sie hatte früher viel gesungen. Sie ist im Kirchenchor gewesen. Sie ist immer eine gute Hausfrau gewesen. Sie hat für alles und alle gesorgt. Meine Mutter hatte auch immer genügend Zeit für mich. Allerdings: Nach dem Tode meines Vaters ist vieles anders geworden. Sie schaute wohl gut zu mir, aber sie hat nie mehr gesungen."

Susi verbrachte vier Jahre ihres Lebens in der Klinik, weil sie niemand aufnehmen wollte. Alle hatten Angst vor ihren Tobsuchtsanfällen.

Bei einem weiteren Gespräch kam Susi auf den Autounfall zu sprechen. „Ehrlich gesagt, ich wäre besser auch gegangen, wenn ich gewusst hätte, was ich alles erleben und durchmachen muss in meinem Leben. Ja da wäre ich auch lieber tot gewesen. Für mich ist es so schwer und anstrengend zu leben." Ein Stoßseufzer war zu hören, und es kam eine große Traurigkeit über die Frau.

Sie machte noch eine weitere traurige Erfahrung. Sie hatte einen Freund und hing sehr an diesem jungen Mann. Als sie eines Tages verschwunden war, ohne vorher mit uns zu reden und bereits schon einen Tag und eine Nacht wegblieb, alarmierte uns am späteren Abend die Polizei und bat uns, auf dem Posten Susi abzuholen. Man sagte uns, sie sei vor einer Haustüre auf dem Treppenabsatz aufgegriffen worden. Meine Frau und ich stiegen ins Auto und fuhren zum Polizeiposten. Auf dem Posten angekommen, lachte der Polizist und fragte: „Ist sie wieder ausgerissen?"

„Ja so ist es", sagte ich konsterniert.

„Bei Ihnen ist es sicher das erste Mal. Aber sie ist schon mehrmals aus der Klinik davongelaufen. Wir holen sie jetzt aus der Zelle, wo sie auf sie wartet."

Die erste Frage von Susi: „Werde ich jetzt auch isoliert wie in der Klinik? Schicken Sie mich jetzt auch mit der Polizei zurück in die Klinik?"

„Susi, Sie wissen, dass wir kein Isolierzimmer und keine geschlossene Abteilung haben. Aber bevor Sie das nächste Mal verschwinden, sagen Sie es uns, damit wir nicht überall nach Ihnen suchen und überall herumtelefonieren müssen."

Meine Frau nahm sie am Arm und sagte, indem sie sich noch von den Polizisten verabschiedete: „Komm, Susi, wir wollen jetzt nach Hause gehen."

Ein breites und beruhigendes Lachen schien über ihr Gesicht zu gleiten.

Als wir zu Hause ankamen, war meine Frau besorgt, dass Susi noch ein Bad nahm und einen kleinen Imbiss erhielt, bevor die Frau zu Bett ging.

„Muss ich wieder in die Klinik?", war die wiederholte Frage.

„Nein, aber wir sind jetzt alle müde, um noch zu plaudern. Wir reden morgen weiter. Aber in die Klinik müssen Sie nicht. Das können wir Ihnen versprechen."

Im Verlaufe des nächsten Tages besprachen wir nochmals den Ausflug. Jetzt erzählte sie auch, dass sie ihren Freund, mit dem sie eine sehr schöne intime Beziehung gehabt hatte, besuchen wollte. „Ich hatte einfach wieder einmal Lust, mit ihm ins Bett zu gehen."

„Haben Sie bei Ihrem Freund übernachtet?"

„Ja, wir gingen zusammen ins Bett. Es war schön und ich wurde endlich wieder einmal befriedigt. Später sagte dann mein Freund, es ist mir zu heiß, die ganze Nacht mit dir im gleichen Bett zu schlafen. Ich gebe dir eine Decke und dann kannst du bei mir neben meinem Bett am Boden schlafen."

„Und Sie mussten auf dem Boden schlafen?"

„Ja die ganze Nacht. Ich habe mich dann auf die Decke gelegt, damit es auf dem Boden nicht so hart war. Es ist ja Sommer und warm."

„Was haben Sie dann empfunden, dass Sie Ihr Freund auf den Boden verlegte?"

„Was soll ich schon empfinden? Ich bin es ja gewohnt, dass ich immer die Zweite bin. Ich hatte ja gar keine andere Möglichkeit. Ich konnte mich nicht mitten in der Nacht anziehen und auf die Straße gehen. Ich habe ja schon den ganzen Tag gewartet auf ihn vor dem Haus, weil er wegging. Dann hat mich ja die Polizei aufgegriffen. Das ist ja nicht das erste Mal. Aber das

passiert mir doch immer. Ich werde nur gebraucht. Ich empfinde es als schön, aber Liebe ist es nicht."
„Möchten Sie wieder zu Ihrem Freund gehen?"
„Wissen Sie, jetzt bin ich schon etwas traurig, wie ich behandelt wurde. Ich komme mir als ein Nichts, als ein Versager vor. Es tat schon weh in meiner Brust, und ich weinte auch ganz leise vor mich hin. Aber wenn ich wieder den Drang verspüre, dann muss ich einfach wieder gehen. Ich weiß nicht warum. Aber ich muss einfach. Ich kann auf Sex einfach nicht verzichten, auch wenn ich nachher wie ein Schwein behandelt werde. Ich mache mit jedem Sex, der mich will. Dann spüre ich wenigstens meinen Körper."

Auch Susi kam mit dem Etikett Schizophrenie zu uns. Ich möchte mit Gy De Perico einig gehen, der schreibt: „Im Zentrum der neuen Theorie steht der Begriff der Vulnerabilität (Verletzlichkeit). Als Charakteristikum der Schizophrenie wird nicht mehr ein irgendwann ausbrechender Krankheitsprozess mit eingeschlichenem Verlauf, sondern eine lebenslange Verletzlichkeit für vielschichtige, Stress erregende Sinnes- und Gefühlsreize angenommen. Diese Verletzlichkeit bildet sich aus dem Zusammenspiel einer ererbten Anlage oder erworbenen Hirnfunktionsstörung sowie sozialen Einflüssen (Familie, Umwelt, Schule, Lehre, Lehrer) und der gefühlsbetonten Verarbeitung während der Individualentwicklung. Experimentalpsychologisch lassen sich schon vor einer Erkrankung gewisse minimale Leistungsstörungen nachweisen, zum Beispiel Abweichung der Aufmerksamkeit – dies begann bei Susi während des Haushaltlehrjahres und in der Zeit der Anlehre als Schwesternhilfe – der Wahrnehmung, der Reizverarbeitung, der Emotionalität. In den Vorstadien einer Psychose werden sie von dem Betroffenen als noch uncharakteristische Störungen wahrgenommen. Unter dem Einfluss spannungserhöhender Lebensereignisse kann dies als bereits reduziert angenommene Verarbeitungsfähigkeit des Systems für Erkennen und Gefühl aus dem Gleichgewicht geraten. Steigt das Erregungsniveau an, bricht die Fähigkeit, das System anzusteuern, zusammen. Die Realität wird verzerrt erlebt und es kommt dann zu den bekannten charakteristischen Symptomen der akuten Schizophrenie, wie Trugwahrnehmungen, Denkzerfahrenheit, angstvolle Erregung, Wahnbildung.

Verletzlichkeit als eine komplexe Reizverarbeitungsschwäche scheint nach jetzigem Kenntnisstand nicht heilbar und kaum veränderbar zu sein. Interessante psychosoziale Trainingsverfahren, die in stufenweise aufbauenden Lernabschnitten das Ziel verfolgen, den unzureichend ausgebildeten oder unbeständigen Denk- und Wahrnehmungsapparat der Patienten zu ordnen, zu differenzieren und zu stabilisieren, liefern in Einzelfällen ermutigende Ergebnisse. Auch scheint es möglich, die Auswirkungen der Verletzlichkeit durch übende Verfahren und durch unterstützende Psychotherapie zu mildern, die Kontaktscheu der Kranken zu reduzieren und ihnen dadurch zu besseren menschlichen Beziehungen zu verhelfen. Von eindeutigem Nutzen sind alle Bemühungen, zusammen mit dem Patienten nach einem individuell spezifischen Verletzlichkeitsmuster zu suchen und tägliche Lebensführung auf Möglichkeiten der Stressvermeidung und Stressbewältigung hin durchzuführen."[44]

„Psychopharmaka", so meint Professor Amus Finzen, „sind völlig unberechtigt als Pillenkeule, als chemische Zwangsjacke, ja sogar als sanfter Mord in Verruf gekommen. Aber die komplizierten Voraussetzungen, die den Verlauf einer Schizophrenie bestimmen, sind nun einmal ausschließlich mit Medikamenten nicht in den Griff zu bekommen. Psychopharmaka können den Schizophrenen kein neues Bewusstsein vermitteln und lösen seine Probleme nicht, sie funktionieren fachgerecht eingesetzt lediglich als Krücken, die Geist und Seele entlasten und auf diese Weise den Kranken für andere Behandlungsmaßnahmen wie Psycho- und Sozialtherapie oft erst zugänglich machen."[45]

Hin und wieder frage ich mich, ob wohl der Oberbegriff der Krankheit, die Schizophrenie heißt, wohl der richtige sei? Immer mehr muss doch festgestellt werden, dass bei allen Fällen, die ich bis jetzt erwähnt habe, die seelischen Verletzungen, die Menschen erlebt haben, ausschlaggebend sind. Und wie schon erwähnt können diese Verletzungen nicht einfach mit Medikamenten wieder ins Lot gebracht werden. Prof. Finzen nennt sie Krücken, aber sie werden sehr oft missbraucht und ungerechtfertigt eingesetzt. Das bringt die Ruhe in die Kliniken.

Es ist nicht ausreichend, wenn diese Menschen während einer Woche höchstens ein bis zwei Stunden therapiert werden. Noch schlimmer ist es dann, wenn es überhaupt keine Therapie gibt. Sie benötigen eine tägliche Begleitung und Betreuung durch Personal, das die nötige Ausbildung und Erfahrung mit sich bringt.

Man kann jetzt einwenden: Wir haben die Psychiatrieschwestern und Pfleger oder es gibt ja genügend Sozialpädagogen und Sozialarbeiter. Das ist auch richtig. Aber die Psychiatrieschwestern und -pfleger haben wohl sehr viel gelernt betreffend Psychiatrie, Medikamenten, Infusionen und Spritzen. Grundsätzlich dürfen sie aber medizinisch nur das ausführen, was ihnen ihr Arzt vorschreibt. Psychotherapeutische Ausbildung ist nur zum Teil vorhanden oder auch gar nicht. Das Pflegepersonal ist absolut abhängig vom Arzt und der ist zum Teil überbelastet mit zu vielen Patienten und mit seinem Schreibkram, den er auch noch erledigen muss. Aus diesen Gründen lernt man im Klinikalltag, allzu schnell die Patienten mit Medizin, die ja nur eine „Krücke" sein können, ruhig zu stellen. In unserem Hause mussten wir leider Pfleger entlassen, weil sie glaubten, nur mit Tabletten heilen zu können. Ihnen war die Arbeit mit den einzelnen Patienten zu aufwendig, zu lange Arbeitszeiten, zu anstrengend und anscheinend auch zu mühevoll. Wir mussten in verschiedenen Kliniken einige Besuche machen. Dort mussten wir feststellen, dass viele Patienten auf ihrer Abteilung umherirrten oder apathisch im Bett lagen oder auf einem Stuhl sitzend ihren Körper hin und her schwangen oder einfach ihren Kopf auf die Wände aufschlugen oder ihn an der Wand hin und her rollten. Ich traf aber meistens kein Pflegepersonal auf diesen Abteilungen, die bei den Patienten waren. Das Pflegepersonal saß im Zimmer meistens bei Kaffee und beim Rauchen. Sie hatten immer einen Rapport, den man auf keinen Fall stören durfte. Diese Arbeitsweise beobachteten auch wir bei uns. Aus diesem Grunde mussten wir von der weiteren Beschäftigung dieser Arbeitseinstellung Abstand nehmen.

Die Sozialpädagogen haben oft etwas „Erzieherisches, Belehrendes und Korrigierendes" in ihrer Eigenart. Hin und wieder könnte man meinen, man hätte ein paar verkappte Lehrer vor sich. Sicher müssen wir unsere Patienten korrigieren. Aber diese Korrektur braucht Einfühlungsvermögen, erfordert eine gute Beziehung zum Menschen und es benötigt vor allem sehr viel Geduld. Es darf nicht mit der Uhr am Arm gearbeitet werden. Nicht der Klient ist da wegen der Betreuungspersonen, sondern der Betreuer ist da für die Klienten. In einem gut geführten Geschäft heißt es: „Der Kunde ist König." In einem menschlich geführten Sozialbetrieb sollte es heißen: „Der Patient ist König und ist die wichtigste Person." Der Patient muss für uns ein gleichwertiger Partner sein, dem wir aber durch unser Wissen und unsere Menschlichkeit dienen. Wir müssen die nötige Geduld aufbringen und eventuell auch einmal eine Nacht opfern können für ihn, dann sind wir die richtigen Helfer. Und Gott sei Dank, mehrheitlich hatten wir diese Leute.

Wenn wir aber die vielen Verletzungen unserer Patienten vermindern oder gar zu heilen versuchen, dann benötigen wir eine grundlegend andere Ausbildung und Arbeitsweise als die beiden genannten Berufsgattungen. Aus diesem Grunde haben wir auch unsere eigene Ausbildungsstätte aufgebaut. Und somit wussten wir auch, dass unsere Klienten einer Genesung entgegengeführt werden konnten. Die Betreuungspersonen benötigen Menschlichkeit, keine Überheblichkeit, ein „großes Herz", sie müssen über eine Menge Geduld und Zuversicht und über gutes psychologisches und pädagogisches Wissen verfügen. Wird der Begleiter unbewusst angegriffen oder beleidigt, darf er das nicht auf sich beziehen und den Beleidigten spielen. Der Betreuer muss seelisch gesund, stark und selbstbewusst sein, aber nicht überheblich. So kam es zur Ausbildung unserer sozialtherapeutischen Bezugspersonen.

Susi würde sich gerne an einen Mann anlehnen. Sie hätte gerne einen Halt. Genauso, wie man einem jungen Baum eine Stütze beigibt, damit er gerade wachsen kann und nicht beim nächsten starken Windstoß umfällt. Susi hätte gerne eigene Kinder, aber sie sind ihr verwehrt, weil ihre tiefen Verletzungen sie nicht mehr für unseren Begriff „normal" erscheinen lassen. So mussten wir uns auch nicht wundern, als eine schwangere Mitarbeiterin, die nicht im direkten Betreuungsverhältnis zu ihr stand, von Susi mit einem Schirm auf den gewölbten Bauch angegriffen wurde und ihr diesen in den Unterleib rammen wollte. Wir mussten sehr ernsthaft mit ihr über diesen Vorgang sprechen. Es zeigte sich beim Gespräch, wie eifersüchtig sie auf die Mitarbeiterin war, weil eben diese und nicht sie ein Kind erwarten durfte. Als die Klientin ihren Fehler eingesehen hatte, was nicht nur ein, sondern verschiedene Gespräche erforderte, war sie auch in der Lage, sich bei der betreffenden schwangeren Frau zu entschuldigen. Eine solche Situation wiederholte sich dann nie mehr. Bei Susi war der Wunsch sehr groß, etwas Eigenes zu haben, etwas zu besitzen, was nur ihr gehörte. Die Einsicht, falsch gehandelt zu haben, konnte durch kein Medikament oder irgendeine Strafe erwirkt werden. Nur durch Geduld und Gespräche erreichten wir ihre Einsicht. Ihr Wunsch war groß, etwas zu besitzen. Da sie leider nichts hatte, konnte sie am Freitag auch ihr Taschengeld nicht verwalten, sondern es wurde im nächsten Laden das ganze Geld für Lebensmittel ausgegeben, die dann noch vor dem Abendessen hinuntergewürgt wurden.

„Was in mir ist, kann mir niemand nehmen. Das Geld könnte man mir auch jederzeit klauen", war ihre Meinung.

Auch diese wünschenswerte Veränderung braucht keine Medikamente, sondern sehr viel Zeit und Geduld. Wir tragen die Verantwortung, dass wir eine Veränderung herbeiführen können. Würden wir versuchen, das Problem mit irgendeinem Medikament anzugehen, dann stehlen wir uns aus der Verantwortung für den Patienten und lassen ihn mit seinem Problem „im Regen stehen". Das darf nicht sein.

Die Therapie ohne Medikamente ist keine Utopie, sie braucht einfach viel Zeit, Mitgefühl, Menschlichkeit und gutes therapeutisches Wissen. Auf diese sehr wirkungsvolle und in vielen Fällen heilende Therapie komme ich später noch zurück.

Da man sie unter dem Vorwand, Susi müsse am Blinddarm operiert werden, sterilisierte und unfruchtbar machte, konnte sie keine Kinder mehr kriegen. Trotzdem fand sie einen Freund, der wirklich zu ihr stand und sie nach Abschluss unserer Therapiephase auch heiratete. Susi wurde eine glückliche und sehr gute Hausfrau, die am Mittagstisch für Schüler arbeitet und sich sehr für diese einsetzt.

Peter

Einers Tages erhielten wir aus der Klinik folgenden Anruf: „Peter hätte ich Ihnen heute vorstellen sollen, leider finden wir den jungen Mann nicht. Er hat sich irgendwo versteckt. Offenbar ist ein Übertritt zu Ihnen noch nicht möglich. Sobald es so weit ist, dass Peter kommen möchte, melden wir uns wieder."
Ein Jahr später besuchte Peter unser Haus. Leider antwortete er uns auf unsere Fragen nicht, sondern blieb stumm wie ein Fisch. Der Pfleger meinte: „Er hat eben autistische Züge. Er ist ein Autist, denn bei uns will er auch nicht sprechen, und er hat auch keine Bezugsperson."

Peter zog sich zu Beginn immer zurück. Zu Hause bewohnte er zwei Zimmer. Ein helles, sehr sonniges Zimmer mit Balkon und im Keller einen Raum, der kein Fenster hatte. Dieses hat Peter noch schwarz gestrichen und hauste meistens in seinem Kellerzimmer. Dort wollte er auch schlafen und einfach ungestört sein. In diesem dunklen Wohnraum hatte er ein Aquarium mit sehr vielen schönen Zierfischen. Eines Tages kaufte er einen Piranha (Raubfisch) und setzte ihn in seinem Aquarium aus. Als er den Fisch kaufte, ließ er ihn zwei Tage in dem Plastikbeutel, der ja mit Wasser gefüllt war und den er so vom Fischhändler zum Mitnehmen erhalten hatte. Er ließ ihn absichtlich hungern. Was nach dem Aussetzen zu den anderen Fischen geschah, das kann sich wohl jeder denken. Der Piranha fraß alle Fische auf oder tötete sie. Nun war der Fisch ganz allein im Aquarium. Er war so allein, wie auch Peter allein in seinem dunklen Kellerloch wohnte.

Als Peter uns besuchte, ist uns Folgendes aufgefallen: Sein Blick hing irgendwo in der Ferne, nur nicht bei uns. In seinem Gesichtsausdruck regte sich gar nichts. Er war wie aus Stein gemeißelt und maskenhaft. Wir fragten uns: Was hat er wohl von unserem Gespräch mitbekommen? Sind unsere Worte bei ihm angekommen? Möchte er überhaupt zu uns kommen? Wir hatten keine Ahnung.

Der Germanist Thilo von Trotha, dem in der Freiburger Anstalt Neuroleptika verabreicht wurden, schildert, wie er unter Neuroleptika nahezu vollständig verstummt war.[46]

Ich muss auch erwähnen, dass Patienten unter Einnahme von Neuroleptika sich selbst als Zombies empfanden, das heißt als lebende Tote. Rea Unzicker, ein Vorstandsmitglied der US-amerikanischen National Association of Psychiatric Survivors, schreibt: „Wenn Sie sie über lange Zeit nehmen, fühlen Sie nicht die Wirkung, aber Sie spüren die heimtückische Auswirkung: Verlust des Gefühls, Verlust des Gehörs, ein schrittweises Erstarren Ihrer selbst.
Pass sich der Körper an, werden Sie buchstäblich zu lebendigen Toten."[47]

In der Klinik meinte man: „Er hat autistische Züge. Er mag ein Autist sein, denn bei uns will er auch nicht sprechen, und er hat auch keine Bezugspersonen."

Aus den obigen Zitaten kann man entnehmen, dass man ein Zombie, ein lebendiger Toter wird, wenn dem Körper zu viel Chemie zugeführt wird.

Als sich Peter von uns verabschiedete, ging sein Blick immer noch in die unendliche Ferne. Damit er uns die Hand nicht geben musste, zog er beide Hände zurück in seine Jacke. Wir fragten uns: „Welche Gefühls- und Gedankenwelt schließt er in sich ein?" Im Moment wussten wir auch noch nicht, ob Peter überhaupt sprechen konnte. Das bejahte aber der Pfleger, der Peter begleitete.

Als sie sich dann verabschiedeten und wir von Peter keinen Ton, auch gar keine Gefühlsäußerung wahrnehmen konnten – eben ein lebendiger Toter –, meinte Peters Begleiter: „Ich glaube, diesen Weg hätten wir uns ersparen können. Peter werden Sie wohl nicht in Ihrem Haus aufnehmen."

„Wir sehen keinen Grund, Peter nicht aufzunehmen. Irgendwann wird er auch mit uns kommunizieren." Bei diesem Satz schaute mich Peter das erste Mal an, und sein Blick schweifte nicht in die unendliche Weite. Aber trotzdem: Seine Seele war nicht erreichbar.

So verabschiedeten sich die beiden, und das Vorstellungsgespräch war zu Ende, ohne dass wir bei Peter irgendeine Regung spüren konnten.

Ein Dreivierteljahr später rief uns die Klinik erneut an: „Erinnern Sie sich noch an Peter?", wurden wir gefragt.

„Ist er immer noch bei Ihnen, oder haben Sie einen anderen Platz gefunden für ihn?"

„Er ist noch hier, aber wir können nichts mehr anfangen mit ihm. Den Ärzten und Pflegern gibt er keine Antwort. Er bleibt einfach stumm. Er besetzt einfach den Klinikplatz, den wir für jemand anderen besser gebrauchen könnten. Wann können wir ihn bringen?"

„Was geht in dem Jungen vor? Er ist ja schon einige Zeit bei Ihnen."

„Das wissen wir auch nicht. Wir können einfach nichts mehr anfangen mit ihm. Der Oberarzt meint, dass er bei Ihnen besser aufgehoben wäre als bei uns."

Nachdem ich mich erkundigt hatte, ob wir überhaupt noch ein freies Bett zur Verfügung hätten, konnten wir für die übernächste Woche den Eintritt vereinbaren. Uns war klar, dass wir jetzt einen Klienten erhielten, der ganz massive Kontaktstörungen zu seiner Umwelt hatte. Wir hatten den Verdacht, dass möglicherweise die Medikamente seinen momentanen Zustand bestimmen könnten.

Für uns war klar, dass es unser Ziel sein müsste, das Interesse bei Peter für den zwischenmenschlichen Kontakt zu wecken und sein Selbstbewusstsein wieder aufzubauen. Wir verstanden sehr wohl, dass Peter in der Klinik am falschen Ort war, weil – wie ich anfangs schon erklärt habe – die nötige Zeit und Geduld zum Therapieren nicht vorhanden war. Man fand den Weg nicht, um Peter zu helfen. Die Klinik glaubte, dass der Autismus ein Symptom der Schizophrenie sein könnte.

Da er aus der Klinik einige Male weglaufen konnte und oft auch Wutanfälle hatte, kam er mit einem Päcklein voller Antidepressiva, Tranquilizer und anderen Medikamenten zu uns. Da diese ärztlich verordnet waren, mussten wir sie vorderhand an unseren Klienten abgeben, wenn auch mit Widerwillen.

Bei neu eintretenden Patienten musste die Medikamentation immer von unserem Facharzt übernommen und überwacht werden. Wir erklärten Peter, dass wir am nächsten Tag bei unserem Arzt einen Besuch angemeldet hätten. Seine Reaktion war uns etwas fremd. Er sagte nichts, sondern nahm einfach beide Arme hoch vor seine Augen. Das war eine Abwehrhaltung. Er wollte nichts mehr sehen und hören. Es wurde uns schnell klar, dass das Wort Arzt ihm absolut unbequem war. Wir sagten Peter: „Sie müssen keine Angst haben, wir wollen nur die Bewilligung, dass wir Ihnen etwas weniger Medikamente geben müssen."

Als er das hörte, senkte er seine Arme ein ganz wenig und blinzelte mich einen kleinen Augenblick über die Arme an. Sonst gab es keine Reaktion.

Der Besuch bei unserem Psychiater verlief etwa gleich. Peter kam ins Sprechzimmer, er schaute den Arzt kurz an und dann hob er seine beiden Arme und verdeckte damit sein Gesicht. „Ich will nichts wissen, sehen und hören", war sein Zeichen. Trotzdem sprach der Arzt weiter mit Peter, der blieb einfach stumm und verharrte in seiner Armstellung. Er dachte nicht daran, den Arzt oder mich anzuschauen. Nach einer halben Stunde brach Dr. S. die Sitzung ab, da vonseiten von Peter nicht das Geringste zu hören war. Jetzt stellte sich die Frage der Medikamentation. Der Arzt und ich schauten auf die Liste. Er meinte dann: „Es sind eigentlich schon viele Medikamente, die er schlucken muss." Bei diesem Satz gingen die Arme von Peter leicht nach unten. Er guckte kurz zum Doktor und dann zu mir. Und fertig war die ganze Kommunikation.

„Sie haben große Erfahrung mit Ihren Klienten. Schauen Sie einmal, wo Sie die Medikamente abbauen können. Dort, wo es möglich ist, sollten Sie ganz langsam absetzen, besonders bei den Benzodiazepin-Tranquilizern."

„Peter, wir gehen wieder nach Hause."

Jetzt nahm er seine Arme das erste Mal nach unten und wir fuhren nach Hause. Auf meine Fragen im Auto bekam ich auch keine Antwort. Aber er betrachtete mit Interesse die Landschaft, durch die wir fuhren. Er benahm sich so, als ob niemand bei ihm wäre.

Am andern Morgen beim Frühstück bekam Peter seine Medikamente. Bei zwei Sorten der Medikamente haben wir anstelle einer ganzen Tablette nur die Hälfte gegeben. Er betrachtete lange die Pillen. Dann schaute er mich an und zeigte mit dem Finger nur auf seine Pillenschachtel. „Es ist gut so, wir geben Ihnen etwas weniger Medikamente. Sie brauchen diese nicht unbedingt und wir wollen schauen, wie es Ihnen geht, wenn Sie etwas weniger Tabletten schlucken." Er schluckte die Tabletten, und weg waren sie. Interessant war, dass Peter sofort bemerkt hatte, dass er jetzt anstelle von zwei ganzen Tabletten nur noch zwei Halbe hatte, nebst der anderen Medizin, die er auch noch einnehmen musste.

Also: Peter kann kommunizieren. Das stand nun fest. Jetzt hatte ich die Hoffnung, dass wir uns langsam verstehen könnten.

Beim täglichen Gruppengespräch setzte sich Peter nicht in den Gruppenkreis, sondern war außerhalb von diesem. Als seine Kameraden ihm sagten, er solle sich doch zu ihnen setzen, da flogen wieder seine Arme hoch vor die Augen. Also Peter will nicht. Wir haben Zeit und nehmen uns Zeit. Ich beobachtete nun sein Verhalten während des Gesprächs besonders neugierig. Als die Gruppe ein Thema gefunden hatte und recht heftig und erregt diskutierte, da nahm Peter die Arme nach unten und hörte sehr interessiert zu. Mit seinem Stuhl kam er dem Kreis etwas näher. Leider wollte er noch nicht ganz zur Gruppe gehören.

Peter sprach einige Zeit mit niemandem, und sein maskenhaftes Gesicht blieb unbewegt. Er zeigte keine emotionalen Äußerungen. Alle Bewohner waren aber nett zu Peter. Am Freitag, nach der Ausgabe des Taschengeldes, nahmen sie ihn mit zum Einkaufen. Wie uns seine Kameraden erzählten, blieb er auch dort stumm, wenn er etwas gefragt wurde. Er kaufte ohne Worte ein, indem er einfach auf die Gegenstände zeigte, die er wollte. Auch beim Bezahlen betrachtete er den Kassenzettel und reichte der Kassiererin wortlos das Geld und verließ den Laden.

Vielfach nahm er ein Blatt Papier und zeichnete. Er zeichnete sehr gut. Nach 14 Tagen zeigte er wieder auf die Medikamente, die meine Frau verteilte.

„Ja, Peter, wir haben wieder etwas weggenommen." Und jetzt geschah ein Wunder. Er lächelte das erste Mal meine Frau an. Er lächelte nicht nur, sondern brummte etwas vor sich hin, was wir leider noch nicht verstehen konnten.

Jetzt war die dicke Eisschicht ein wenig geschmolzen. In der Zwischenzeit konnte Peter einmal nach Hause gehen. Kaum war er daheim, verzog er sich in das schwarze Kellerzimmer und kam nur zum Essen in die Wohnung nach oben. Unten im Zimmer hatte er einen Fernseher und eine Stereoanlage.

Er hatte eine Lehre als Verkäufer in einem Fernseh- und Radiogeschäft angefangen. Er musste diese Lehre abbrechen, weil er mit der Kundschaft nicht sprach. Wenn er etwas gefragt wurde, verließ er einfach den Laden und ließ die Kunden stehen. Genauso stumm blieb er auch in der Gewerbeschule. Diese Lehre konnte er beginnen, weil der TV- und Radiomonteur ein Verwandter der Familie war.

Währen der kurzen Lehrzeit machte Peter erstaunlicherweise auch die Autoprüfung und bestand die theoretische und auch die praktische Prüfung schon beim ersten Mal. Er konnte ohne Schwierigkeiten sein Auto auch durch die Stadt Zürich führen.

Beim theoretischen Examen musste er die richtigen Bilder und Fragen ankreuzen. Während der Fahrprüfung redete er auch kein Wort, sondern befolgte einfach die Anweisungen, die er vom Experten erhielt. Während seiner kurzen Fahrzeit hatte er auch keinen Unfall, sondern fuhr immer korrekt.

Wir kannten seine Vorgeschichte noch nicht. Wir hätten vieles in seiner Krankengeschichte nachlesen können. Bevor ich mich von einer Krankengeschichte beeinflussen ließ, wollte ich meine Klienten unbeeinflusst und ohne irgendein Vorurteil kennenlernen. Ich habe keine Krankengeschichte vor unseren Mitarbeitern verheimlicht, aber auch sie mussten vorerst ihre eigenen Erfahrungen machen, die wir dann bei Mitarbeitergesprächen auswerten konnten. Oft mussten wir dann feststellen, wenn wir die Krankengeschichte kannten, dass wir die Mitbewohner ganz anders kennenlernten, als sie in der Krankengeschichte geschildert wurden. Ich erklärte meinen Mitarbeitern: „Beurteilt einen Patienten und überhaupt einen Menschen nie nach seiner Krankengeschichte und nie danach, was man über den Betreffenden sagte, sondern danach, wie sie ihn erleben und wohin er unterwegs ist. Achten Sie gut auf seinen Weg. Begleiten sie ihn und bedenken Sie, dass wir alle unser Leben lang unterwegs sind und uns verändern. Wir müssen uns immer die Frage stellen: Was und wo ist unser Ziel und was ist der Sinn unseres Ziels? Genau so müssen wir den Weg mit unseren Klienten gehen und versuchen, dass ihr Leben wieder einen Sinn, einen Wert und ein Ziel hat, welches er erreichen will."

Bei Peter wer unser Ziel, ihn vorerst einmal in unsere Gemeinschaft einzugliedern und dann wenn möglich zum Sprechen zu bringen. Ein weiteres Fernziel war, Peter in die Lebensgemeinschaft, ins Leben zurückzuführen. Peters erstes Lächeln konnte meine Frau verbuchen. Nach einiger Zeit durften wir feststellen, als die Medikamente nochmals heruntergesetzt wurden, dass die Arme und Hände unten blieben, wenn wir ihn ansprachen. Er verdeckte sein Gesicht nicht mehr. Er schaute uns jetzt wohl an, aber auf Fragen nickte er nur. Ein Ja oder Nein gab es nicht. Hin und wieder ging sein Blick weit weg von uns.

Während der nächsten drei Monate konnten wir Peter über das Zeichnen erreichen. Wir fragten etwas und er gab die Antwort mit einem Nicken. Später mit den Worten Ja, Nein. Noch später mit den Sätzen wie: „Nicht schön. Ich will es versuchen." Den Zugang zu ihm fanden wir nur beim Zeichnen und Malen. Er zeichnete sehrt schön und hatte eine große Fantasie, die wir immer lobten. Nie wurde er zum Sprechen gedrängt oder gar beschimpft, weil er keine Antwort gab.

Wir alle wussten, er braucht Geduld und Zeit. Peter ist nicht dumm, gewisse Ereignisse zeigten uns, dass er intelligent ist. Er hat alle Schulstufen durchlaufen. Allerdings diese auch nicht ohne Schwierigkeiten. Wir werden noch darauf zurückkommen.

Er liebte es, vom Bauernkalender Motive zu kopieren oder die Vorlagen ganz anders zusammenzusetzen. Seine Bilder wurden an Basaren und Ausstellungen immer sehr gut verkauft. Eines seiner ersten Bilder beeindruckte uns sehr und hatte für alle eine ungeheure Bedeutung. Er zeichnete einen See mit einer Insel. Auf dieser Insel stand ein sehr schönes Herrenhaus. Am Ufer standen Personen, die in Richtung des Gebäudes schauten. Neben dem Haus waren viele schöne Blumen. Die Sonne stand am Himmel. Auch einige Vögel flogen um das Haus. Ich bemerkte, wie er lange auf das Bild schaute. Ich stand neben ihm und betrachtete auch sein Kunstwerk. Plötzlich hob er den Kopf und schaute mich an und sprach: „Es fehlt noch etwas." Im ersten Moment wusste ich nicht, was er meinte. Er betrachtete noch eine ganze Weile seine Zeichnung und schaute mich dann nochmals an. Als er wieder auf die Zeichnung guckte, schüttelte er den Kopf, als wollte er sagen: „Du hast gar nichts begriffen." Und jetzt zeichnete er weiter. Er verband das Ufer, wo die Menschen standen, mit einer schön gewölbten Holzbrücke mit der Insel. Jetzt huschte wieder ein Lächeln über das Gesicht des jungen Mannes und er murmelte: „Jetzt können wir gehen, aber erst jetzt."

    Was meinen Sie mit: „Jetzt können wir gehen?"

    Schnell antwortete er: „Das ist unser Haus, jetzt können wir erst hineingehen. Vorher waren wir draußen."

So viel hatte Peter noch nie geredet. Ich betrachtete nochmals das Bild und musste feststellen, dass das Gebäude, das er entworfen hatte, eine sehr große Ähnlichkeit mit unserem Haus hatte. Das merkte ich aber erst, als er sagte: „Das ist unser Haus, jetzt können wir hineingehen, jetzt kann auch ich ins Haus gehen. Ich bin daheim."

Nicht nur wir brauchen Geduld für unsere Klienten, sondern sie brauchen sie auch mit uns, bis wir endlich verstehen und sie sich verstanden wissen.

Beim Abendessen kam er mit dem Bild und legte es ohne ein Wort zu sagen an den Platz meiner Frau. Sie war sehr erstaunt und fragte: „Ist das Bild für mich?" Er nickte nur, und wieder verzog sich sein Gesicht zu einem Lächeln. Meine Frau bedankte sich bei Peter und ging schnell in unser Zimmer und holte eine Schokolade, die sie Peter übergab. Und jetzt passierte eine weitere Überraschung. Er gab meiner Frau die Hand – bis jetzt versteckte er seine Hände im Pullover oder seiner Jacke – und sagte laut und deutlich: „Danke."

Vermutlich war es meine Frau, die Peter half, die Brücke zu unserem Haus bezugsweise zu uns zu bauen, sonst hätte er ja das Bild nicht meiner Frau hingelegt. Denn sie war es auch, die das erste Lächeln von Peter bekam.

Von jetzt an kam es immer häufiger vor, dass er mit uns allen kommunizierte. Offenbar war jetzt die Brücke zu unserem Haus tatsächlich gebaut, sodass nichts Trennendes mehr da war, was die Verbindung hätte unterbrechen können. Peter selber hatte die Brücke zu uns gebaut.

Ich möchte noch ein Gruppengespräch wiedergeben, welches einen Monat nach der Zeichnung stattgefunden hat.

Peter sitzt noch etwas abseits, aber er rutscht mit seinem Stuhl immer näher zur Gruppe. Die Meinung eines Kollegen: „Ich finde, Peter wird immer besser. Ich spreche oft mit ihm. Der ist gescheit."

„Peter, was meinen Sie zu dieser Aussage?", war meine Frage. Nach einer langen Pause meinte er: „Die Leute sind komisch."

„Welche? Wer ist das, die Leute? Es gibt viele Leute."
Peter: „Die da draußen. Und ein paar, die da sind. Bei denen draußen habe ich das Gefühl, dass ich nicht zu ihnen gehöre, weil sie mich nicht wollen und nicht mögen." Jetzt folgte eine lange Zeit der Ruhe, und dann schrie er: „Ich gehöre ja nicht dazu!"
„Haben Sie das Gefühl, dass sie nicht akzeptiert werden?"
„Ja."
„Wie möchten Sie dazugehören?"
Pause
„Fühlen Sie sich alleine?"
„Ja."
„Warum?"
„Mit mir wird ja nicht gesprochen. Es spricht niemand mit mir. Und ich habe auch mit niemandem gesprochen."
„Wer spricht dann nicht mit Ihnen?"
„Die Leute."
„Können Sie Namen nennen?"
„Nein, kann und will ich nicht. Ich meine einfach die Leute."
Ein weiterer Kollege meinte: „Da drinnen ist es manchmal wie draußen, nur anders."
Jetzt fragte ich die Gruppe: „Stimmt es, dass es draußen wie drinnen ist?"
Susi antwortete: „Nein hier drinnen ist es schon ganz anders als draußen, aber ich möchte nicht für mein ganzes Leben hier sein. Ich möchte meine Freiheit und meine Arbeit. Hier sind wir an die Regeln des Hauses gebunden, und das ist gut so."
Peter ruft: „Was ist Freiheit?"
Toni: „Ich muss entscheiden können, was gut oder schlecht ist."
Ich: „Haben Sie nicht das Gefühl, dass das Dreinreden oft einfach ein gut gemeinter Rat sein könnte?"
Ein weiterer Kollege: „Es geht ja nicht darum, es gut zu meinen. Auch bei meiner Arbeit sagte man manchmal, es ist nicht gut. Ich weiß, wir sind empfindlich geworden. Unsere Medikamente haben uns einfach verändert, sodass wir ganz andere Menschen geworden sind. Wir wurden als krank angesehen und durch die vielen Tabletten wurden wir tatsächlich krank."

Sonja: „Aber es geht doch vielen Jugendlichen so, die eine Lehre machen, dass man korrigiert wird. Der Lehrling muss sich von der Meisterin auch etwas zeigen lassen."

Hans: „Aber schauen Sie, wir haben doch Medikamente und die machen einen ganz schlapp und müde. Das Denken und unsere Bewegungen sind oft blockiert. Dann können wir doch nicht gleich arbeiten wie die da draußen."

Jetzt meldet sich Peter wieder. „Aber hallo, ich habe hier viel weniger Medikamente als in der Klinik. Wann wird der Rest denn abgebaut?"

„Ich vermute nach unserem nächsten Arztbesuch."

Hans: „Zwischen der Klinik und da ist ein großer Unterschied. Hier sind wir auf einer Zwischenstation. Hier sind wir nur vorübergehend, bis wir den Schritt nach draußen wieder machen können."

„Wie soll dann der Schritt und die Vorbereitung nach draußen aussehen?", fragte ich.

Kurt: „Wir müssen wieder das Zusammensein in der Gruppe lernen. Man kann lernen, selbstständig zu werden. Wir müssen unsere Selbstständigkeit selber aufbauen. Wir bekommen ja dazu die Hilfe, Peter und ihr alle. Wenn man vielleicht meint, dass die Regeln hart sind, so wissen wir alle doch ganz genau, dass es draußen noch viel härter zugeht. Draußen ist es so brutal, wie es oft in der Klinik der Fall war. Davor habe ich Angst. Diese Zwischenstation ist eben schon gut. Wir sind hier viel freier als in der Klinik und werden als Menschen behandelt. Wir erwachen wieder aus unserem Dahindösen und Verblöden, was durch die Medikamente verursacht wird."

Irene: „Also, ich habe einfach Hemmungen. Ich glaube, man schaut mich einfach als krank und behindert an. Oft höre ich Leute tuscheln: Sie war ja in der Klinik. Die ist ja nicht ganz normal. Die ist krank. Bei der tickt es. Ich habe noch große Angst, aber man wird mir hier hoffentlich noch über meine Angst hinweghelfen."

Peter ganz erregt: „Wie soll man denn gesund werden, wenn doch alle meinen, wir seien Spinner? Oft sind doch die anderen die Spinner. Als ich in der Klinik aufhörte zu reden, da waren alle am Arsch, denn sie konnten mit mir nichts mehr machen. Wohl bekam ich dafür meine Tabletten. Wenn ich diese einnehmen musste, war ich einfach schlapp und kaputt. Manchmal konnte ich sie auch wieder ausspucken. Man wird vom Arzt untersucht und hört: Der ist eben krank, apathisch und gestört. Warum soll ich denn noch reden und arbeiten? Die wissen alles besser. Wir werden blöd gemacht. Einige, die hier sind, die sind gar nicht krank. Ich bin auch nicht krank. Hier lerne ich wieder zu leben."

Hans: „Du musst jetzt nicht wütend werden. Wenn ich in der Klinik wütend wurde, weil man mich beleidigte, dann wurde mir einfach wieder eine Portion Medikamente verabreicht."

Irene: „Hier ist es nicht so. Ich darf sagen, was ich denke und das nimmt uns niemand krumm. Oder?"

Ich musste wieder eingreifen: „Eure Erinnerungen an die Klinik sind immer noch da. Bitte vergesst, was dort war. Wir sind jetzt hier. Jeder hat das Recht zu sagen, was er will oder was er denkt. Nur so gibt es eine gute Kommunikation unter uns. Sollte etwas nicht verstanden werden von dem, was gesagt oder besprochen wird oder was wir von euch wünschen, dann wollen wir miteinander darüber sprechen und nicht einfach im Geheimen über etwas oder über jemanden schimpfen. Jeder Mensch macht Fehler. Wir sind dabei inbegriffen, aber Fehler ausmerzen kann man nur, wenn man darüber spricht und miteinander einen gangbaren Weg sucht und vor allem offen und ehrlich ist zueinander."

Toni meint: „Ich finde es hier besser, hier hat man einfach alles. Draußen muss man sich wieder viel anschaffen und der Arbeitsstress ist groß."

Peter: „Wenn du den Schritt nicht nach draußen wagst, kannst du nie lernen, dich selber zu behaupten. Ich habe mich behauptet, indem ich nichts mehr sprach und schwieg. Dies ist nicht der rechte Weg, aber er hat mir Nutzen gebracht."

Toni: „Peter, willst du denn wieder nach draußen gehen? Wir sind ja alle krank."

Peter: „Du spinnst. Wir alle sind nicht krank, man hat uns höchstens krank gemacht. Aber ich möchte von hier aus lernen, den Weg nach draußen zu gehen."

Nach dem Ausspruch von Peter: „Wir sind nicht krank, man hat uns höchstens krank gemacht" nickten alle Gesprächsteilnehmer. Jetzt wurde die Diskussion noch heißer. Ich war eigentlich froh, dass ich das ganze Gespräch auf Tonband aufgenommen hatte. Allerdings gab es einige Teilnehmer, die das kritisierten. Aber als dann in späteren Gesprächen die Klienten sich wieder selber auf dem Band erkannten und hörten, wie ihre Meinung vor Wochen war, waren sie froh, dass ihr Gespräch aufgezeichnet wurde. Sie merkten, wie sich ihre Meinung änderte und wie viel ruhiger und angenehmer ihr Ton wurde. Das Argumentieren war manchmal heftig, aber ihr Ton und ihre Kommentare wurden friedlicher und fundierter.

Immer wieder, wenn Peter zum Psychiater gehen musste, hielt er noch die Arme vor sein Gesicht. Er sprach bei ihm kein Wort in der Sprechstunde. Später ließ er seine Arme unten, aber er sprach immer noch kein Wort. Dafür hatte er ein Lächeln auf dem Gesicht.

Noch etwas später, als der Arzt sagte: „Wir wollen über Ihre Vergangenheit und Zukunft sprechen", sagte Peter knallhart: „Ich lebe jetzt in der Gegenwart und meine Vergangenheit interessiert mich nicht mehr. Was in der Zukunft geschieht, wissen Sie auch nicht."

Bei einem Einzelgespräch fragte ich Peter: „Warum sprechen Sie bei Doktor S. nicht oder sind so hart zu ihm?"

„Als ich schon in der Schule zum Psychiater gehen musste, stellte der immer so dumme Fragen und wollte alles wissen. Ich erhielt von ihm Medikamente, die mein ganzes Wesen veränderten. Also gab ich einfach keine Antworten mehr, weil er immer alles besser wusste als ich. Der kannte mich ja gar nicht. Das Gleiche war in der Klinik. Die hatten immer eine ganz andere Erklärung über meinen Zustand, als ich dies ja selbst verspürte. Immer hatten sie ein Vorurteil und auch mein Schulpsychologe war genau der Gleiche. Die machen einen nur fertig. Und dann schreiben sie alles auf. Man hat keine Ahnung, was da alles geschrieben wird. Es wird einem nichts gesagt oder richtig besprochen, was dann annähernd an die wirkliche Wahrheit rankommen könnte. Alle vertragen keine Widerrede. Die glauben immer, ich sei blöd und nicht lebenstüchtig. Aus dem Grunde habe ich einfach nicht mehr gesprochen, so konnten sie auch nicht mehr viel aufschreiben. Aber glauben Sie mir: Die Medikamente ließen mich noch mehr verstummen."

„Wir machen es uns einfach, wir schreiben nichts auf, aber das Tonband läuft mit Ihrer Erlaubnis."

„Ja schon, aber wir dürfen jederzeit mithören, was Sie sagten und was wir Ihnen mitteilen. Hier gibt es keine Geheimnisse, und Sie geben das Band auch nicht weiter. Ich fühle mich wohl so, darum kann ich mit Ihnen auch offen reden. Grundsätzlich haben in unserer Gruppe alle die gleichen Probleme. Sie haben einmal gesagt, dass die Bezeichnung der Krankheit, die wir haben sollten, ein Etikett sei. Also sind wir ja nur ,Flaschen', und so werden wir angesehen. Wir sind einfach krank in den Augen der anderen."

Diese Aussage muss jedem zu denken geben. Dieses Empfinden bringt Menschen, die so verletzt sind – und diese Verletzungen beginnen oft in frühester Jugend –, wirklich in seelische Nöte und Verzweiflung. Aber die meisten beginnen sich zu wehren. Peter hat einfach nicht mehr gesprochen und setzte alle außer Gefecht. Das Begleitetsein in einer Krise bringt Vertrauen zwischen Klient und den beteiligten Betreuern. Immer wieder hören wir von unseren Klienten: „Wir sind froh, dass wir nicht allein sind, wenn es uns einmal schlecht geht. Und wir sind froh, dass wir in diesen Momenten keine Tabletten schlucken müssen. Wir wissen, dass wir alle, die uns in Krisensituationen begleiten, stressen. Aber wir sind dafür dankbar. So bekommen wir den Glauben an die Menschlichkeit wieder zurück, den wir verloren haben. Unser Selbstwertgefühl wird gehoben und wir bekommen wieder Achtung vor uns selbst. Die haben wir absolut verloren, und das Leben hatte für uns keinen Sinn mehr."

Unseren Klienten müssen wir sehr ernsthaft die Frage stellen: „Wollen Sie überhaupt wirklich gesund werden?" Auch in meiner privaten Praxis muss ich vermehrt den Ratsuchenden fragen:

„Wollen Sie überhaupt gesund sein oder gesund werden?" Diese Frage mag Ihnen komisch vorkommen, aber sie hat ihre absolute Berechtigung. Denn jetzt sprechen wir ja von der Heilung von Seele, Geist und Leib. Nicht für alle Patienten ist die Bejahung dieser Frage eine Selbstverständlichkeit. Denn es kann auch sein, dass sie mit ihrem Leiden gerne im Mittelpunkt stehen, dass sie bemitleidet werden wollen, dass sie sich an das Umsorgtsein sehr gewöhnt haben, dass sie vor dem Gesundwerden Angst empfinden und vor all den Aufgaben, die wieder auf sie warten. Es kann auch sein, dass der Zustand des Leidens ihnen uneingestandene Genugtuung verschafft. Die Frage „Willst du wirklich gesund werden?" zeigt uns auch, dass alles, Körper, Seele und Geist, in diesen Prozess miteinbezogen werden muss. Gesund werden heißt auch Neuanfang, Aufbruch in eine Lebensweise, die man sich – möglicherweise mit Recht – abgewöhnt hat. Es geht um ein Gesunden in der ganzen Lebenseinstellung. So ist es unsere Aufgabe, allen unseren Klienten einen neuen Lebenssinn zu vermitteln. Keine Verwöhnung, kein In-weiche-Watte-verpacken, dass er sich ja nirgendwo anstößt. Nach den tiefen Verletzungen dieser Menschen müssen wir zusammen mit unseren Klienten einen neuen Lebenssinn suchen.

Prof. Dr. Daniel Hell schreibt: „Bei der medizinischen Information von Schizophrenie-Kranken und ihren Angehörigen geht es deshalb mehr darum, populäre Vorurteile (unheilbar krank, Persönlichkeitsabbau etc.) auszuräumen und die Unbestimmtheit der Krankheitsursachen sowie die Möglichkeit der Besserung bezugsweise Heilung zu betonen. Als schizophren werden dabei bestimmte Zustände charakterisiert, die teils krisenhaft, teils langfristig auftreten können, aber nichts Schlüssiges über den betroffenen Menschen selbst bezugsweise seine Familie aussagen. So sehr historisch nachwirkende Missbräuche des Schizophreniebegrifs dessen Infragestellung als verständlich und wünschenswert erscheinen lassen, so dürften jene Menschen, die mit schizophrenieartigen Zuständen zu kämpfen haben, doch nur dann wirklich profitieren, wenn auch solche Angstzustände, die die Psychiatrie des 20. Jahrhunderts mit dem Begriff schizophren belegt, allgemeine Akzeptanz finden. Einer psychosozialen Behinderung vom Ausmass schizophrener Krankheitszustände den Krankheitswert zu entziehen, scheint in diesem Licht inhuman."[48]

Seit dem 20. Jahrhundert haben wir den Begriff Schizophrenie. Er wurde, wie schon erwähnt, 1911 von Prof. E. Bleuler geprägt. Und wie Prof. D. Hell schreibt: „... populäre Vorurteile (Unheilbarkeit, Persönlichkeitsabbau) ausräumen" ist sicher richtig, und es wäre endlich an der Zeit, dies zu tun. Aber auch bis heute sind diese Vorurteile keineswegs ausgeräumt.

Ich muss feststellen, dass ein Großbetrieb, wie es alle Kliniken sind, für die einzelnen Patienten viel zu wenig Zeit hat, oder wenn es sich um einen ganz schwierigen Fall handelt, gar keine Zeit mehr für diesen Patienten übrig bleibt. Und die Sparmaßnahmen, die von der Obrigkeit her vom Schreibtisch aus empfohlen werden, tragen dazu bei, dass an Personal gespart werden muss. Dies bedeutet, dass keine genügenden therapeutischen Möglichkeiten für den Einzelnen vorhanden sind. Aus diesem Grunde – wie ich schon erwähnt habe – war Prof. M. Bleuler der Meinung, „dass Kleinheime, Kleinfamilien für gewisse Patienten besser wären als ein Großbetrieb". Ich bin überzeugt, dass einige Personen, die in der Psychiatrie arbeiten, das Beste wollen. Aber wie lange können die Menschen, die sich mit den Patienten wirklich intensiv beschäftigen möchten, bei dem Personalabbau diese Arbeit ohne Ermüdungserscheinungen und ohne eigene seelische und körperliche Schäden durchhalten? Das ist nur dann möglich, wenn der Betreuer oder die Betreuerin wieder eine genügende Erholungsphase erhält, wie wir das unbedingt einhalten. Das ist wohl der Unterschied zwischen einem privaten und staatlichen Betrieb.

Aber auch wir „Kochen nur mit Wasser". Wir können uns die Zeit nehmen für die Patienten, und wir können auch Erfolge verzeichnen. Ich rede und schreibe nicht gerne über Geisteskrankheiten wie Schizophrenie etc. Ich spreche und schreibe über Menschen, die zu einer gewissen Zeit ihres Lebens psychisch schwer verletzt wurden – was mehrheitlich in den frühen Kinderjahren geschieht – und dann mit einer gewissen Etikettierung wieder zurück ins Alltagsleben abgeschoben werden. Die vielen Vorurteile sind bis heute noch nicht abgebaut, weder bei den Eltern noch in den Schulen noch bei Freunden und Verwandten noch bei einigen Ärzten – und schon gar nicht bei der Bevölkerung allgemein. Sonst könnte man uns nicht vorwerfen, dass die Grundstücks- und Hauspreise in der Nähe unserer Institution an Wert verlieren.

Gehen wir zurück zu Peter. Nach dreieinhalb Jahren konnte uns Peter verlassen. In der Zwischenzeit sind die Eltern geschieden. Peter zog zu seiner Mutter. Er hat seine „Dunkelkammer" im Keller verlassen und zog nach oben in sein sonniges Balkonzimmer. Er arbeitet nicht mehr als Verkäufer, aber in einer Werkstatt, wo er mit all den technisch sich schnell verändernden TV-, Videogeräten und Stereoanlagen gut umzugehen weiß. Seine Mutter führte er des Öfteren mit dem Auto aus. Seine Kameraden und Freunde sucht er sich sehr sorgfältig aus. Er schließt nicht von heute auf morgen Freundschaften. Dazu braucht er viel Zeit. Peter hat sein Leben in den Griff bekommen. Er wollte sich nicht mehr in seiner Werkstatt verstecken. Bevor Peter von uns wegzog, hatte er ein paar sehr schöne Ikonen gemalt, die er alle verkaufen konnte. Auch im Glauben hat er seinen festen Halt gefunden.

„Gut zu sich zu sein meint also nichts anderes, als mein eigenes Herz zu öffnen gegenüber dem, was in mir unglücklich und einsam ist",[49] schreibt Anselm Grün. Dies gelang Peter.

Bevor wir eine andere Geschichte kennenlernen, möchte ich von Freizeitvergnügen sprechen, die bei uns auch üblich waren. So schreibt Trudi, die leider später an Herzversagen gestorben ist, folgenden Artikel in unserer Heimzeitung:

Ferien in Südfrankreich

„Es freute uns alle, dass wir mit dem Zug in die Ferien fahren konnten. Wir möchten daher auch all den Betreuern danken, die mit uns gekommen sind und die sich nicht schämten, sich mit uns an der Öffentlichkeit und dann noch in einem Freizeitzentrum zu zeigen. Ich glaube, dass ich hier schreiben kann, dass es sehr sinnvolle Ferien waren. Am 20. September fuhren wir mit unserer Gruppe los ans große Meer. Wir bewohnten dort drei schöne Häuser. Ich und auch die anderen hatten jeden Tag etwas Neues erlebt. Das Schiff Lydia war auch sehr schön an unserem Badestrand. Mit unseren Betreuern haben wir abends auch gute Menüs gekocht. Die Sehenswürdigkeiten in Südfrankreich sind sehr zahlreich.

Einmal besichtigten wir eine sehr schöne Schlucht. Am Abend aßen wir ganz toll im Städtchen Carcassonne. Diese Stadt ist sehr voll mit schönen Läden, und man kann prima bummeln. Niemand wollte glauben, dass es schon Zeit war, in unser Dorf zurückzukehren, um zu schlafen. Einmal spielten wir am Sonntagnachmittag Minigolf. Und noch viele andere Spiele durften wir in den Ferien kennenlernen. Die Sonne schien immer sehr heiß. An einem schönen Tag fuhren wir wieder in eine Stadt. Auch dort aßen wir sehr gut. Nach dem Essen besichtigten wir die Stadt oder vielleicht war es auch nur ein größeres Dorf, aber es war sehr schön. Die Calamares schmeckten auch wie ein Traum. Das sind Tintenfische in einem Teig. Diese Fischspezialität zergeht nur so im Mund.

Die zwei Wochen vergingen wie im Flug. Alles ist immer so schnell vorbei. Einmal fuhren wir alle zum Tanzen in eine Bar. Coca-Cola und Schweppes schmeckten gut. Ich kam toll in Schwung wie schon lange nicht mehr. Ich hätte die ganze Nacht durchmachen können. Unsere Gruppe möchte an dieser Stelle vor allem Herrn und Frau Müller danken für die gute Idee, die sie hatten und uns begleiteten. Ich hoffe auch, dass wir dieses Jahr wieder etwas unternehmen werden.

Wir haben uns in den Ferien wirklich sehr erholt und werden über den ganzen Winter erzählen und träumen von den wunderschönen Tagen, die wir in Südfrankreich unbeschwert erleben durften.

Ich möchte nur noch eines sagen, dass das Schwimmen wirklich gesund ist für alle, man bleibt halt einfach fit."

Wir hatten auch eine große Ferienwohnung im Tessin in Ascona. Oft ging auch die eine oder andere Gruppe dort für zwei bis drei Wochen in die Ferien. Nie gab es Schwierigkeiten. Unsere Leute freuten sich sehr über den „Tapetenwechsel", darüber, dass sie in eine andere Umgebung gehen konnten. Sie freuten sich auch, einmal Kurgast am Lido sein zu dürfen und eine Coca-Cola oder Kaffee dort trinken zu können und ein gutes Stück Kuchen oder eine Pizza zu essen. Einfach einmal auch bedient zu werden. Immer wieder sprachen sie: „Hier waren wir fremd und Menschen unter Menschen." Es war auch sehr interessant, wie sich einige unserer Klienten plötzlich auf ein Gespräch mit anderen Gästen einließen. Eine große Hemmschwelle konnte eigentlich spielend überwunden werden. Es ist einfach erstaunlich, wie sie plötzlich ihre Angst ablegen konnten. Es kam noch eine neue Erfahrung dazu. Nicht eingesperrt zu sein, den freien Ausgang zu genießen und den Kontakt zu anderen Menschen zu suchen, das genossen sie in vollen Zügen. Hier kannte sie niemand, hier waren sie fremd und hier lernten wir unsere Klienten zum Teil als ganz neue Menschen kennen. In den Therapiegesprächen konnten wir zu Hause wieder an ihre Erlebnisse anknüpfen, und sie bestätigten auch, dass sie, weil wir sie auch unbeobachtet ziehen ließen, eine große Menge Selbstvertrauen wiedergefunden hatten. Vielfach wurde ich gefragt: „Wann dürfen wir wieder ins Tessin fahren?" Selbstständigkeit, Steigerung des eigenen Wertgefühls, Kommunikationsfähigkeit mit fremden Menschen, Überwindung von Angst, alleine oder zu zweit ins Restaurant zu gehen – alle diese Fähigkeiten wurden in den Ferientagen positiv geübt und entwickelt. Wir konnten zu Hause bald einmal bemerken, dass der Umgang mit ihrer Umgebung viel offener wurde. Allerdings aber nie so frei wie in Ascona, wo sie eben fremd waren. Hier gab es keine Vorurteile! Und an unseren Standort „Haus zur Rebe" waren die Menschen in den Nachtbarhäusern schon allein mit unserer Anwesenheit nicht zufrieden.

Unsere Klienten wussten, wann die Essenszeiten waren. Alle kamen immer pünktlich aus dem Ausgang zurück. Sie spürten unser Vertrauen, und keiner wollte es missbrauchen. Wir Betreuer waren genauso aufgestellt wie unsere Klienten. Unsere Arbeit hat sich gelohnt. Diese Ferienwochen standen immer unter einem bestimmten Thema. So wurde zum Beispiel von einer Gruppe das Thema Steine bearbeitet. Es folgt ihr Bericht:

„Tessin und Steine gehören fast so zusammen wie Sonne und Palmen. Steine faszinieren. So bot es sich wie von selbst an, diese Woche eine Handvoll Steine (und mehr) zu sammeln.

Beim Steinesammeln können wir uns von der Form, der Größe und der Farbe leiten lassen. Besondere Steine regen uns zu einem Bild an. Ein origineller Kiesel dient als Briefbeschwerer, ein größerer wird zum Türstopper. Sehr schöne, flache Kiesel eignen sich gut für eine Spiegelumrahmung usw. Und dann die vielen Spiele …

Wurfspiel mit Zielfeld, kein großer Aufwand, das kann gleich begonnen werden. Bevor man die Kunstfertigkeit unter Beweis stellt, übt man am besten erst mal das Werfen und Treffen.

So ist es auch in unserem Leben: Wir müssen üben, um unser Ziel zu erreichen.

Aus Steinen Figuren zusammenstellen, hat uns großen Spaß gemacht. Und die Steine zu sammeln. Jeder Stein ist anders als der andere. So wie wir Menschen auch alle anders sind.

An Interpretationsideen fehlte es uns nicht. Wer weiß, vielleicht gibt es wieder einmal eine Projektionswoche im Tessin.

Wir lernten, dass kein Stein wie der andere war, dass keine Steinfigur wie die andere war. Die Steine und die Steinfiguren sind wir, sind wie die Menschen. Keiner ist so wie der andere.

Und warum sind wir nicht gleich?

Der eine Stein ist rund. Ein anderer eckig. Einer hat ein gutes Muster. Einen weiteren muss man im See zuerst waschen, weil er schmutzig ist. Erst jetzt sieht man seine schöne Maserung. Die eine Steinfigur steht gut. Eine andere kippt sehr schnell um, besonders wenn wir sie nicht sorgfältig aufgebaut haben."

Das Spiel mit den Steinen war Therapie. Eine Therapie, bei der wir selber gar nicht viel sprechen mussten, sondern bei der unsere Klienten selber Schlüsse zogen. Und wie sie die Vergleiche zogen, das hatte Hand und Fuß.

Am Abend zu Hause gab es unter den Klienten sehr gute Gespräche über die Steine und die Menschen.

Eine andere Projektwoche galt den Bäumen.

Von all diesen Wochenendprojekten kamen unsere Gäste positiv verändert zurück.

Die Weltgesundheitsorganisation (WHO) definiert die Gesundheit als Optimum des körperlichen, psychischen und sozialen Wohlbefindens. Es ist gar nicht immer so einfach, zu wissen und zu spüren, wo die Normalität aufhört und das Kranksein beginnt. Diese Beurteilung – und wir sind im Beurteilen oder Verurteilen ja schnell zur Stelle – hängt nicht immer einfach vom Zustandsbild eines Menschen ab, sondern meistens von den Fähigkeiten des Betroffenen, wie er gewisse Vorkommnisse seiner Umgebung verarbeitet, ertragen und steuern kann. Wir alle haben mit Problemen zu ringen. Um diese zu meistern, spielt auch unsere Herkunft, unsere Lebensbedingungen, die Kultur, in der wir aufgewachsen sind, und letztlich unsere Fähigkeiten etwas innerlich verarbeiten zu können, eine große Rolle. Wir nehmen immer an, dass der Gesunde seine körperlichen, psychischen und sozialen Situationen steuern kann und unter Kontrolle hat. Als Eltern, Erzieher und als Freunde sind wir der Meinung, dass der Mensch bewusste und unbewusste Belastungen einfach verarbeiten kann. Oft aber schießt die nächste Umgebung einer Person aber weit über die Grenzen seiner Belastbarkeit hinaus.

So sehen wir es zum Beispiel bei Klaus, Silvia, Susi, Peter und Kurt. Plötzlich passen diese Menschen nicht mehr in unser alltägliches Bild, welches wir uns von unserem Nächsten machen oder glauben machen zu müssen. Das Gefühl des nicht mehr Verstandenwerdens von beiden Seiten ist dann der Grund, dass sich viele psychische Störungen erweitern und ausdehnen. Kann ein Mensch, der offenbar nicht mehr in unsere Normen passt, sich wohl und glücklich fühlen in unserer Umwelt? Das kann er vielleicht in seiner Welt, die er innerlich in seinem Kopf aufgebaut hat, aber nicht in unserer Welt, die wir als die einzig richtige betrachten. Jetzt wird es sehr einfach, den, der nicht in unser Konzept passt, zu diskriminieren und aus unserer Umwelt auszuschließen. So haben wir, die „Normalen", unsere Ruhe und Zufriedenheit.

Sollten wir nicht mehr auf unseren Nächsten zugehen? Sollten wir nicht versuchen, den „komischen Kauz" besser zu verstehen und zu hinterfragen, was ihn in unseren Augen so eigenartig macht? „Liebe Deinen nächsten wie dich selbst", sagt Jesus. „Geh mir weg mit solchen Sprüchen. Ich habe meine eigenen Sorgen. Lass jemand anderen für diesen Kumpel sorgen." Unser Alltagsleben mit all seiner Vielfalt und seinen Belastungen macht uns schon zu Kämpfern – aber nicht immer zu Siegern. Haben wir als Eltern, als Freunde oder Verwandte, als Patin oder Pate nicht über unser eigenes Leben eventuell unseren Nächsten vernachlässigt und vergessen?

Wenn ein Mensch in seine Welt, die wir im Moment nicht mehr verstehen können, abtaucht, haben wir uns als Nächste und Nächster zu fragen, ob nicht trotz allen guten Wollens nicht doch ein Fehler, eine Unterlassung bei uns passiert sein könnte. Sind wir eventuell betriebsblind gewesen?

Wohin führen Vorwürfe? Susi, die längere Zeit in der Klinik war, bekam nach dem ersten und zweiten Besuch der Eltern von ihnen keine Visite mehr. Sie wurde auch von einer Klinik in die andere verschoben. Aber auch am nächsten Ort besuchten die Eltern ihr Kind nicht mehr. Als Susi zu uns kam, da mussten wir feststellen, dass die Eltern sich bei uns nicht meldeten. Susi konnte uns auch nicht sagen, warum sich die Eltern nicht mehr um sie kümmerten. Auf die telefonische Bitte an die Eltern, Susi besuchen zu kommen, gab man mir eine ausweichende Antwort. Da ich mich mit dem Gesagten nicht zufriedengab, musste ich einfach weiter insistieren. Dann kam die Antwort der Mutter: „Wir wollen doch nicht immer die Schuldigen sein, dass es Susi so schlecht geht. In der Klinik hat man am Zustand der Tochter uns die Schuld gegeben. Wir wollen doch nicht nur bezahlen und doch noch die Schuldigen sein. Ich bin schuldig, weil ich mich wieder verheiratet habe. Ich bin schuld, dass mein jetziger Mann zu wenig verdient, um noch für Susi zu zahlen. Ich bin schuld, dass mein jetziger Mann zu wenig Geduld hat mit Susi. Ich bin selber ganz durcheinander. Ich und mein Mann wollen uns diese Vorwürfe nicht mehr anhören."

Als ich der Frau mitteilte, dass wir nicht da seien, um irgendjemandem Vorwürfe zu machen oder eine Schuld zuzuweisen, beruhigte sich Susis Mutter und erklärte sich bereit, die Tochter in den nächsten Tagen zu besuchen.

Wir führten ein gutes und konstruktives Gespräch. Für die weitere Betreuung der Tochter bekamen wir auch noch wertvolle Hinweise. Am Schluss des Gespräches zeigte sie noch auf den Kalenderspruch, der in meinem Büro hing: „Es geht nicht nebeneinander und schon gar nicht gegeneinander, es geht nur miteinander." (E. Ringel)

In diesem Sinne verabschiedeten wir uns. Von da an hatten wir eine sehr gute Zusammenarbeit zwischen Susi, uns und der ganzen Familie. Die Familientherapie, die jetzt eingesetzt wurde, half allen Beteiligten, besonders auch der Mutter mit ihren vielen Schuldgefühlen. So konnte Susi wieder gesunden und mit der Familie zusammenleben.

Psychisch verletzte Personen haben noch ein weiteres Problem, mit dem sie fertig werden müssen. Eine große Zahl Arbeitswilliger hat wegen verschiedener Behinderungen Mühe, eine Stelle zu finden. Sehr stark sind die Menschen betroffen, die eine psychische Störung haben. Nach einer längeren Krise einer

Person ist es fast kaum mehr möglich, einen Arbeitsplatz zu finden. Der immer härter werdende Qualifikationsmodus gibt diesen Menschen kaum die Möglichkeit zu arbeiten, obwohl sie die Fähigkeiten hätten. Und vielfach ist aber auch diese Härte der Grund, der viele psychische Schwierigkeiten schafft. Ein Arbeitgeber sagte mir: „So geht es nicht mehr, ich kann bei ihm nicht noch Geld drauflegen, er muss mir Geld bringen." Wo können Menschen, die es schon schwer hatten, aber sich wieder fangen, sich verständlicherweise wieder einarbeiten müssen, heute noch Arbeit finden? Wenn die Wirtschaft dieses Problem nicht lösen will oder nicht kann, dann steigen unsere Sozialkosten ins Unermessliche.

Toni, der ehemalige Bankdirektor oder vom Chef zum Sozialfall

Es ist ungeheuerlich, was unser Toni erlebte. Als junger Mann studierte er in Zürich. Zuerst wollte er Theologe werden, später entschied er sich dann für das Wirtschaftsstudium. Mit Erfolg schloss er seine Studien an der ETH ab. Bald hatte er eine sehr gute Stelle in Dubai bei einer Bank. Er arbeitete sehr gut und erhielt bald die Anstellung als Direktor. Da er bereits in der Schweiz geheiratet hatte, war es möglich, dass er auch seine Frau nach Dubai kommen lassen durfte. Ihr Leben verlief ganz normal, und eine gute Karriere lag vor Toni. In kurzer Zeit hatte er sich bereits schon ein kleines Vermögen erarbeiten können.

Die ausländischen Arbeiter wohnten in einer speziellen Siedlung, da die meisten von ihnen keine Moslems, sondern Christen waren. In dieser Siedlung konnte sich die Frau frei bewegen und dort wurde zum Teil auch Alkohol konsumiert, was ja bekanntlich sonst verboten war. Toni und seine Frau lebten dort sehr glücklich, und sie konnten sich auch finanziell jeden Wunsch erfüllen. Sie besuchten teure Hotels, gönnten sich alle Spezialitäten, die sie einkaufen konnten. Zu Hause hatte er die neuesten elektronischen Geräte wie Computer, TV, Faxgerät, Stereoanlagen etc. In der Zwischenzeit wurde den beiden noch ein Sohn geboren.

Leider wollte es das Schicksal, dass auf dem Arbeitsweg ganz unmittelbar in der Nähe von Toni eine Bombe explodierte. Er wurde weggeschleudert und verletzt. So kam er ins Spital. Er war lange Zeit nicht ansprechbar. Er döste vor sich hin und erkannte seine Frau und Bekannte, die ihn besuchten, nicht. Er hatte eine totale Amnesie. Was dieser Unfall für körperliche Schäden ausgelöst hatte, war in der Krankengeschichte nicht alles vermerkt, außer dass er einen Gehörschaden erlitten hatte. Seine Persönlichkeit war vollkommen verändert. Lange Zeit erkannte er niemanden. Als er wieder zu sprechen begann, war seine Sprache unklar und verwaschen. Zum Teil vermochte er den Gesprächen seiner Vorgesetzten und Untergebenen, die ihn besuchten, gar nicht mehr zu folgen. Wohl musste Toni merken, dass mit ihm etwas nicht mehr in Ordnung war, denn jetzt wurde er aufbrausend und bösartig zu seiner gesamten Umgebung. Als sich sein Zustand nicht besserte, verlor er seinen gut bezahlten Arbeitsplatz. Er und seine Frau und der Knabe wurden kurzerhand einfach in die Schweiz abgeschoben. Eine Rente gab es nicht und eine weitere Lohnzahlung, einen goldenen Fallschirm, wie das bei uns meistens üblich ist, bekam Toni auch nicht. Ihm wurde einfach sein Erspartes überwiesen.

Als Toni mit seiner Familie von Dubai in die Schweiz zurückkehrte, konnten sie vorerst bei den Eltern wohnen. Da Toni sehr aufbrausend war und immer sehr laut sprach, was durch seinen Gehörschaden verursacht war, konnte die junge Familie nicht bei den Eltern bleiben. Sie suchten sich eine eigene Unterkunft, die sie zum Glück sehr schnell fanden.

Gehörgeschädigt, arbeitslos, vom Direktor zum Niemand, der Verzicht auf Ansehen und eine gewisse Macht und die Scham, abgestürzt zu sein – das beschäftigte Toni dermaßen, dass er für die Familie vorübergehend nicht mehr tragbar war. Durch eine Zwangseinweisung kam er mit der Polizei in die Klinik. Der Mann, der eine sehr große Selbstständigkeit und Verantwortung hatte, der an seinem Arbeitsplatz und seiner Umgebung geachtet war – bis zum Bombenanschlag –, der musste nun in einer geschlossenen Abteilung in der Klinik leben. Die Unterschiede zu dem, was war und was jetzt ist, könnten kaum größer sein.

Durch die verschiedenen Schwierigkeiten, mit denen auch die Frau von Toni belastet war, wurden auch bei ihr die seelischen Nöte immer größer. Auch sie wurde in die Klinik eingewiesen und das Jugendamt übernahm den Knaben. Beide waren getrennt längere Zeit hospitalisiert. Toni wurde unter Vormundschaft gestellt, ihr Sohn kam durch das Jugendamt in eine Pflegefamilie.

Mit der Bevormundung von Toni ging das ganze Vermögen von Fr. 800.000.– in die Verwaltung der Vormundschaft. Er konnte nicht mehr über sein Geld verfügen. Einen schlimmeren Absturz kann man sich fast nicht mehr vorstellen. Alle diese Schläge und die seelischen Verletzungen und die vielen Medikamente, die jetzt Toni einnehmen musste, waren für seinen psychischen Zustand sicher nicht förderlich. Da er in der Klinik viel Zeit zum Nachdenken hatte und er sein Leben in seinen besseren Zeiten immer wieder mit seiner jetzigen Lage verglich, konnten sich sein Körper, Seele und Geist in keiner Art und Weise erholen. Toni fiel nun mit seiner Frau aus dem gesamten Sozialgefüge.

Enttäuschungen, Entmutigungen, Scham über seinen Stellenverlust, sein vermeintliches Versagen, Angst vor der Zukunft und Existenzängste fielen über Toni her wie eine Herde wilder Tiere. Dazu kam noch der Teilverlust seines Gehörs, sodass er vielfach fragen musste: „Was haben Sie gesagt? Ich verstehe Sie nicht." Oft aber wollte er nicht mehr hinhören. Er selber sprach immer lauter. Toni zerbrach an seinem Schicksal.

Als ihm die Klinik nicht mehr zusagte, wandte er sich an die Gerichtskommission und verlangte durch das Gericht den Austritt aus der Klinik. Bis es so weit war, verstrichen wieder einige Monate. Die Sozialhelfer bemühten sich wirklich, für ihn und seine Frau einen passenden Aufenthaltsort zu finden. An einigen Orten, wo er sich mit seiner Frau vorstellen konnte, wurde er nicht aufgenommen, weil er sogleich Forderungen stellte, die man ihm nicht erfüllen konnte oder wollte.

So kam es dann auch, dass Toni mit seiner Frau bei uns vorgestellt wurde. Sie wurden begleitet von dem zackigen Amtsvormund des Mannes. Die Begrüßung von Toni war nicht sehr schmeichelhaft. „So, sind Sie jetzt der, der mich weiterhin bevormundet? Sind Sie fähig, dieses Haus zu führen? Wie man mir sagt, sind Sie auch Psychologe. Sie gehören auch zu den Spinnern, die immer alles besser wissen wollen, wie die mit den weißen Kitteln."

Ich selber fragte mich, nachdem ich ja seine Vorgeschichte kannte: „Wie würdest du jetzt, wenn du an seiner Stelle wärst, reagieren?" Möglicherweise hätte ich mich nicht besser aufgeführt.

Nachdem wir zuerst zusammensaßen und einen Kaffee tranken und über belanglose Dinge redeten, wurde Toni etwas ruhiger. Seine Frau saß da wie ein Häufchen Elend. Sie tat mir wirklich leid. Auf die Äußerungen von Tonis Begrüßung reagierte ich nicht, denn seine Reaktion war mir erklärlich. Nun kam das Gespräch.

„Können wir unsere Möbel mitnehmen oder müssen sie in der Einstellhalle weiter verschimmeln?"

„Natürlich, Sie dürfen alles mitnehmen, was Sie haben."

„Sie sind auch der Erste, der uns das bewilligt. Sonst hat es immer geheißen, dass die Zimmer möbliert seien und wir die eigenen Sachen nicht mitbringen dürfen."

Jetzt trat bereits eine Beruhigung bei ihm ein, er rutschte nicht mehr so nervös hin und her.

„Wir sind zu zweit, meine Frau kommt ja auch mit. Wissen Sie, die ist 10 Jahre jünger als ich. Ich kann sie nicht alleine lassen, sonst verliere ich sie auch noch."

Nun getraute sich die Frau auch, Fragen zu stellen. „Wissen Sie, er meint, ob wir eines oder zwei Zimmer bekommen."

„Jeder Gast hat bei uns ein Zimmer. Also haben Sie Anspruch auf zwei Zimmer."

Toni: „Ja, und dann schlafen wir in getrennten Räumen?"

„Das ist Ihre Entscheidung. Sie können ein Zimmer als Stube einrichten und das andere als Schlafzimmer. So haben Sie einfach eine Zweizimmerwohnung. Das Bad und die Küche müssenSie mit den drei anderen Gästen teilen."

„Das hört sich gut an. Aber haben Sie vorhin wirklich Gäste gesagt?"

„Ja. Ich habe Gäste gesagt, und Sie sind ein Gast."

„Bis jetzt waren wir einfach Patienten, die Verrückten. Wissen Sie, wir sind einfach immer die Idioten."

Langsam begann der Vormund zu knurren. Jetzt wurde er unruhig.

„Wir haben keine Idioten und wir kennen keine Idioten. Dieses Wort möchte ich gar nicht mehr hören. Dieses Wort ist in unserem Wörterbuch gestrichen. Ich betrachte Sie und Ihre Frau nicht als krank, sondern Sie wurden durch all ihre Vorkommnisse, die Sie zusammen erlebten, seelisch schwer verletzt."

„Wenn Sie das wirklich so meinen, dann kommen wir gerne zu Ihnen. Natürlich nur, wenn Sie uns wollen." Zu seiner Frau: „Endlich einer, der nicht sagt, wir seien schizophren. Wenn man das ständig hört, dann muss man ja durchdrehen. Und wenn es noch so wäre, dann muss man uns das doch nicht ständig sagen. Begreifen Sie das? Wir sind Menschen, die voll im Leben standen. Wir haben zum Teil das Leben besser kennengelernt als viele, die uns jetzt betreuen und demütigen. Sind wir durch unsere Erlebnisse nicht genug bestraft worden?"

„Ja, das begreifen wir sehr gut, und Ihre Erlebnisse in Dubai müssen sehr schlimm gewesen sein. Aber wenn Sie zu uns kommen wollen, dann ist es in Ordnung und wir freuen uns, aber es muss Ihre freie Entscheidung sein."

„Über die Kosten müssen Sie mit meinem Vormund sprechen, ich kann ja nicht mehr über mein Geld verfügen, welches ich mit harter Arbeit verdient habe."

Beim Hinausgehen meinte der Vormund: „Wissen Sie, den können Sie meistens nicht ernst nehmen."

„Ich möchte ihn aber ernst nehmen."

Wenn Blicke töten könnten, dann wäre ich glatt erschlagen worden. So wie beim Vormund von Silvia.

Drei Wochen nach dem Vorstellungsgespräch kamen die beiden mit Sack und Pack angereist. Die Möbel, die eingestellt waren, kamen mit einem Transporter der Klinik. Ich staunte über die vielen Kartonschachteln, die ausgeladen wurden. Offenbar merkte Toni, dass ich auf die vielen Schachteln schaute.

„Wissen Sie, das sind alles Bücher, die ich während meines Studiums brauchte und die ich nachher noch hinzugekauft habe. Ich versuche sie in der Wohnung zu verstauen. Was nicht Platz hat, könnten wir vielleicht in den Keller stellen."

Ich war erstaunt, wie ruhig Toni sprach. Er war nicht aufgeregt und sehr anständig gegenüber seinem ersten Auftritt.

„Mit Ihnen komme ich schon zurecht, aber mit den jüngeren Leuten, die Sie haben ..."

„Was meinen Sie mit den jüngeren Leuten?"

„Ich meine die Damen und Herren, die hier arbeiten."

„Alle diese Damen und Herren sind sehr nette Kollegen von mir, Sie und Ihre Frau werden sicher sehr gut auskommen mit ihnen."

„Ja, dann entschuldigen Sie bitte."

„Sie haben es nicht gerne, wenn man über Sie oder Ihre Frau ein Vorurteil hätte, so sollte man auch über unsere Mitarbeiter keines haben, das erschwert nur das Zusammenleben und die Zusammenarbeit. Alle haben hier auch keinen Vorurteil gegenüber unseren Gästen."

Toni schaute mich eine Weile an: „Dann haben Sie über mich und meine Frau auch kein Vorurteil. Ist das wirklich wahr?"

„Ja es ist wahr. Wir wollen einander alle achten. Wir möchten allen helfen und beistehen, aber wir brauchen auch Ihre Mithilfe. Sonst haben wir zusammen keinen Erfolg."

Toni wollte noch viel wissen und immer wieder merkte man, dass es ihm wichtig war, dass er und seine Frau als vollwertige Menschen behandelt werden. Ich bekam den Eindruck, dass mit ihm schon lange nicht mehr auf gleichberechtigter Stufe gesprochen wurde. Er schien eine neue Erfahrung zu machen, die ihn auch beruhigte.

Als wir Tage später in seine Wohnstube kamen, war die Wohnwand voll guter und wissenschaftlicher Bücher. Da er in einer Studentenverbindung war, hingen an einer Wand seine Studentenmütze und die Wappen seiner Kollegen, die mit ihm in der Verbindung waren.

„Das haben ie toll gemacht."

„Sie meinen meine Studentenecke?"

„Ja."

Bedrückt meinte er: „Ich danke Ihnen, dass Sie es toll finden. Aber keiner meiner ehemaligen Kollegen und Verbindungsbrüder will von mir noch etwas wissen. Keiner würde einmal fragen, wie es uns geht. Und diese Leute haben ja von uns auch profitieren können."

Wenn das soziale Gefüge zerbricht, dann ist der Betreffende sehr schnell einsam. Und diese Einsamkeit treibt die Menschen immer mehr in die Isolation, bis sie eben die eigene Welt aufbauen, bis sie die Stimmen hören, die sie in ihrem vereinsamten Gehirn wahrnehmen. Und die Stimmen können dann diese Menschen auch in den Tod treiben. Wer soll das verhindern, wenn ein absolutes Weggeschlossensein für eine Person bittere Wahrheit wird? Diese Äußerung machte ich schon wiederholt. Es ist mir wichtig, allen zu verstehen zu geben, wie diese Isolation, die nicht immer aus Eigenverschulden über diese Leute gekommen ist, Leute jedes Jahr wieder in den Tod treiben kann. Wiederum kommt bei mir die Frage: „Soll ich meines Bruders Hüter sein?" Wenn wir nicht sein Hüter sein wollen, dann müssen wir uns merken, dass wir nicht nur Freund sein wollen, wenn es ihm gut oder gar sehr gut geht, sondern dass ich da sein sollte, wenn es meinem Freund schlecht oder gar sehr schlecht geht. Über Freundschaft könnte man sehr lange diskutieren oder gar Bücher schreiben.

Vielleicht ist es verwegen, was ich nun schreibe. Oft habe ich den Eindruck, dass dies diejenigen Menschen besser begreifen, die mit seelisch schwer verletzten Menschen durch die dunkeln, kalten und öden Schluchten mitwandern, als diejenigen, die mit diesen Leuten nichts zu tun haben wollen.

Im Klinischen Wörterbuch von Prof. Dr. Dr. Willibald Psychrembel (Auflage 185–250) ist zu lesen:

„Schizophrenie ist eine meist ohne erkennbare äussere Einflüsse entstehende Psychose (Geisteskrankheit), deren Herkunft noch heute grösstenteils ungeklärt ist. Das Wesen der Schizophrenie liegt neben der Störung des ICH-ERLEBNISSES (im Sinne des Beeinflusst- und Gelenkt werden durch andere) vor allem im gestörten Erlebnis der eigenen Person. Der Patient erlebt sich selbst oder seine Umwelt völlig verändert.

Weiter finden die Störungen in der Wahrnehmung von Zusammenhängen, Zerfahrenheit, Denkzerfall, Sperrungen, Gedankenentzug, Vernunftwidrigkeit, Begriffsverschiebungen und Störung des Gefühlslebens.

Daraus folgen Störungen des Willens und des Handelns, die auch durch Halluzinationen wie Stimmenhören, aber auch Geruchs oder Geschmackshalluzinationen beeinflusst werden."[50]

Die sogenannte „Psychose" kann man sehr gut verstehen lernen, wenn man gewillt ist, mit dem Patienten durch diese Schlucht hindurchzugehen. Dann kann man auch nicht mehr behaupten, dass die Herkunft der Psychose noch ungeklärt ist. Hier werden die ICH-ERLEBNISSE wieder Wirklichkeit und überspitzt sehr groß auf die Wände projiziert.

Auch Toni erlebte solche Psychosen. „Habt einmal Mut und spritzt nicht und verabreicht keine Medikamente, aber geht den Weg gemeinsam mit einem Menschen, der in einer Psychose ist. Erst jetzt kann überhaupt erklärt werden, was in diesem Patienten vor sich geht. Diese Menschen durchleben einen Albtraum, der nur geträumt wird, der nur ein paar Sekunden dauert, sondern der über Tage und Nächte andauern kann."

Allein die Erlebnisse beim Mitwandern würden ein ganzes Buch füllen.

Im Psalm 23 lesen wir: „Und ob ich schon wanderte im dunklen Tal, fürchte ich kein Unglück, denn Du bist bei mir, dein Stecken und Stab trösten mich."

In der Psychose, wo der Mensch nicht mehr er selbst ist, wo aber auch absolut nichts Dämonenhaftes vorhanden ist oder gar von einer Besessenheit gesprochen wird, die nicht vorhanden ist, wo Gedanken von früher, Erfahrungen, Verunglimpfungen im Hirn überaktiviert lebendig werden, wo man hört, riecht und schmeckt, da ist es für den Patienten gut, wenn man für ihn da ist. Wenn ein Begleiter oder eine Begleiterin den Mut hat, durch diese Hölle mitzuwandern.

Ich wurde gefragt: „Gibt es noch Menschen, die das machen wollen und tun?"

„Ja, es gibt noch einige solcher Menschen, die es machen wollen, und zwar mit Erfolg. Aber es sind meistens Menschen, die dies nicht mit einer Menge von Diplomen tun. Es sind Menschen, die ihr Herz am rechten Fleck haben und helfen wollen und professionell helfen."

Wenn sie allein mit verschiedenen Betreuern durch diese dunkle, kalte Schlucht marschiert sind, dann sind die Begleiter vorübergehend psychisch auch erledigt, aber man fühlt sich nach der Zeit der Erholung doch sehr ermutigt. Und der betreffende Mensch, der in dieser Notlage war, dem ist die Begleitperson zum Freund geworden.

In unserer Institution gab es keine mechanische Werkstatt, sondern ein Atelier, in dem Peter auch seine Ikonen und Bilder gemalt hatte. Hier werden unsere Klienten zu kreativen und selbstständigen Arbeiten angeleitet. Wohl bekommen sie keinen Lohn für dieses Arbeiten, aber sie können ihre Arbeiten verkaufen und erhalten dann den Verkaufserlös.

Der Vormund von Toni wollte nicht, dass er in unserem Atelier arbeitet. Er musste weiter in der Klinikwerkstatt arbeiten gehen. „Ich fahre gerne mit dem Zug, dann vergeht bereits schon ein Teil des Tages nur mit Fahren."

Toni arbeitete einen halben Tag und verdiente Fr. 1.50 pro Stunde. Ein Unterschied zu dem, was er auf der Bank in Dubai verdiente. Das saß natürlich auch in seinem Kopf. Er verdiente pro Tag Fr. 6.–, im Monat Fr. 144.–. Das Abonnement für den Zug kostete Fr. 90.00, welches Toni bezahlen musste. Sein Erlös war Fr. 54.–. Unsre Klienten hatten pro Woche Fr. 50.– Taschengeld.

    Lustlos geht Toni zu seiner Arbeit – wie auch nicht bei dieser Kalkulation. „Für das, was man mir bezahlt, habe ich gar keine Lust mehr, einen Arbeitseinsatz zu zeigen. Das Schöne ist noch, dass ich im Zug hin und wieder eine liegen gelassene Zeitung lesen kann. Wenn ich heute eine Zeitung abonnieren will, muss ich erst den Vormund fragen, ob ich mit meinem Geld, das von der Behörde verwaltet wird, ein Zeitungsabonnement kaufen darf. Wo ist da die Motivation zum Arbeiten? Nirgends!"

In der Zeitschrift Appell Nr. 3 war Ende der 70er-Jahre zu lesen: „Immer wieder klagen unsere Eltern, dass ihre Behinderten als Erwachsene in ihrer besonderen Arbeitswelt nicht mehr glücklich sind, unter Stress leiden, gelegentlich gar wie Arbeitssklaven behandelt werden. Angesprochen sind die geschützten Werkstätten, ihr Regime und nicht auch zuletzt ihre Grundkonzeption in unserem Land. Neun Jahre werden Behinderte mit großem personellem und finanziellem Aufwand in der Sonderschule gefördert, in jeder Beziehung. Doch was geschieht dann?" Vielleicht hat sich heute etwas gebessert?

Ja, viele Frauen und Männer fragen sich: Wieso soll ich mich in einer solchen Werkstatt abmühen für die paar Rappen, die ich verdiene?

Einen jungen Bauernsohn, der durch einen Traktorunfall eine schwere Hirnverletzung erlitt und dadurch eine ganz starke Sprachstörung hatte, fragte ich einmal: „Möchten Sie in einer Werkstatt arbeiten?" Er wurde zornig und antwortete mir in seiner geschädigten Sprache: „Ich nicht blöd. Mein Geld kommt von Post, das genug." Ja, das Geld, das von der Post kam, war wirklich „genug". Er erhielt die Invalidenrente und dazu die Suva-Rente. Dies ergab einen erstaunlich hohen Betrag, den seine Eltern verwalteten. Trotz seiner Hirnschädigung wusste er, dass ihm das Geld reichte, ohne zu arbeiten für Fr. 1.50 pro Stunde. Seine Rentenleistungen betrugen Fr. 5.500.–.

Wer seinen Beruf verloren hat, was ein überaus bedeutsames und einschneidendes Ereignis im Leben einer Frau oder eines Mannes ist, der hat auch an Selbstvertrauen sehr viel eingebüßt. Um ein neues, sinnerfülltes Leben wieder aufzubauen, braucht der Betreffende viel Zeit, einen erstaunlich starken Willen und eine gute Gesundheit. Werden diese Menschen minderwertig behandelt, nicht ernst genommen, wie das oft auch auf verschiedenen Ämtern vorkommt, dann geben sich diese Menschen endgültig auf. Toni fehlte die Kraft, die Gesundheit und der Wille – der wurde ihm gebrochen –, und er hat aufgegeben.

Dann bekommt er noch zu hören: „Sie wollen nicht, sie wollen von ihrem Unfall nur profitieren. Sie sind ein Simulant. Mit Ihnen ist nichts los!" Wie soll da ein ehemaliger Bankdirektor, der nicht durch eigenes Verschulden in die Tiefe stürzte, solchen Redensarten noch verstehen?

Die Belastbarkeit eines Menschen ist der Indikator für die Notwendigkeit einer psychotherapeutischen Behandlung. Diese Belastbarkeit wächst mit der Fähigkeit des Über-sich- selbst-hinaus-Wachsens, was die eigenen Sorgen als unwichtig erscheinen lässt, weil die gesamte geistige Energie und Aufmerksamkeit auf etwas außerhalb des eigenen Ichs Liegendes gerichtet ist.

Was geschieht aber nun, wenn den psychisch verletzten Menschen, die gar nie mehr das Gefühl bekommen, über sich selbst hinauswachsen zu können, weil sie unterschätzt und bereits abgeschrieben sind, niemand als Freund zur Seite steht?

Wie sollte Toni den Weg in ein sinnerfülltes Leben finden, wenn man über viele seiner Anliegen einfach lacht, ihn nicht mehr ernst nimmt und ihm nichts mehr zutraut?

„Ja, der ist in der Werkstatt der Klinik gut aufgehoben. Was wollen Sie noch mehr? Der hat sowieso keine Energie und Kreativität mehr." Wie kann das der Vormund entscheiden, der sein Mündel höchstens ein- bis zweimal im Jahr besucht oder eventuell – wie es vorgekommen ist – überhaupt das ganze Jahr nie sieht?

Dr. Viktor Frankl schreibt: „Lange genug hat die Psychiatrie, die Psychotherapien Menschen hingestellt als ein Reflexwesen oder Triebbündel, als bedingt, bewirkt und bestimmt bald von Ödipus- und andere Komplexen, bald von Minderwertigkeits- und anderen Gefühlen, hat sie ihn hingestellt als Marionette, die an äußerlich sichtbaren oder innen verlaufenden Drähten zappelt.

Immer war der Mensch zwar mehr als ein Nichts; immer war er aber ‚nichts als' ein Etwas, das sich vom Biologismus, Psychologismus, Soziologismus wider das Geistige im Menschen gesündigt."[51]

Versuchen wir aus unseren Patienten keine Marionetten zu machen. Sobald er versteht, worin seine Freiheit – selbst bei äußerster Einengung durch die gegebenen Umstände und Verletzungen – begründet liegt, kann sie ihm niemand mehr nehmen. Helfen wir doch endlich unseren Mitmenschen, dass sie ihre wahre Freiheit wiederfinden können.

Es ist nicht erstaunlich, dass im Jahr 2000 50.000 Frauen und Männer durch die psychiatrischen Kliniken geschleust werden mussten. Heute sind es leider einige mehr. Viele Menschen können nicht mehr ihre innere Freiheit ausleben, sie sind erbarmungslos in eine brutale Arbeitswelt und in viele andere Zwänge eingebunden. Das beginnt leider schon bei unseren Kindern und Jugendlichen.

Klaus (erstes Beispiel) spricht von „Schleimscheißern, Arschkriechern, gut zu Munde reden müssen". Es ist doch vielfach so, dass man kriechen muss, damit man vorwärts kommt. Wie müssen heute Kleinunternehmen (KMU) bei Banken kriechen, damit sie ja ihre Kredite halten können oder bekommen? Wie müssen hin und wieder Mittelschüler zu Schleimscheißern werden, damit sie mit einer genügenden Note bestehen? Wenn man in Kliniken und Heimen Einblick hat, dann ist doch die Macht der Ärzte, Pfleger, Sozialpädagogen, Psychologen oder psychologischen Berater gegenüber dem zu Betreuenden sehr merklich vorhanden. „Kusch dich, sonst darfst du das oder jenes nicht. Wenn du ins Bett machst, dann darfst du übers Wochenende nicht nach Hause gehen." Das Drohen als Erziehungsmittel in der Familie, in der Schule und am Arbeitsplatz hat seinen sicheren und festen Platz gefunden. Angst herrscht. Angst macht krank. Geld ist Macht. Macht herrscht. Psychisch verletzte Menschen haben weder Geld noch Macht. Sie können höchstens mit ihrer Krankheit herrschen.

Wir dürfen unseren kranken Mitmenschen die Freiheit nicht absprechen. Es ist unsere Aufgabe, dass sie sich trotz aller tragischen Umstände wieder aus eigener Kraft ändern und bessern können. Begleiten wir sie als guter Freund und nicht als ständiger Drohfinger.

Elisabeth Lukas schreibt in ihrem Buch: „Auch dein Leiden hat Sinn" Folgendes:

„In einer durch ein unabwendbares Leid entstandenen Krise sind nur drei mögliche Hilfen denkbar, nämlich:

der Glaube an das Gottvertrauen, das Mitgefühl und das Verständnis der engeren Umwelt und die eigene stabile Sinnerfüllung."

Die Gewissheit, dass Gott hilft oder die Gewissheit, dass andere Menschen helfen oder die Gewissheit, Halt im eigenen Sinn- und Wertsystem zu finden sind die einzigen Sicherungen bei der Konfrontation mit dem Schicksal.

Die Welle der Hochkonjunktur und der unaufhaltsame Fortschritt hat allerdings einiges unserer früheren Sicherheit fortgetragen. Das Gottvertrauen des modernen Menschen ist stark ins Wanken gekommen. Und der zwischenmenschliche Zusammenhalt ebenfalls. So wird die persönliche Sinnerfüllung zum letzten entscheidenden Kriterium, ob eine innere Krise des Leidens bewältigt werden kann oder nicht. Analog dazu verläuft die Verschiebung der Zuständigkeit. War für Fragen des Glaubens im Hinblick auf Leidbewältigung früher hauptsächlich der Priester oder Seelsorger die richtige Ansprechperson und waren für die Hilfe in einer Krise früher vielfach Eltern und Freunde die richtigen Personen, so rückt nunmehr im Hinblick auf eine stabile Sinnorientierung und „Halt in sich selbst finden" der Arzt und Psychotherapeut in den Mittelpunkt. Es gehört zur Einsamkeit des modernen Menschen dazu, dass er bei einem „Fremden" sucht, was er im Glauben und bei seinen Nächsten nicht mehr findet. Wenn diese fremde Person nicht Hoffnung gibt, wer gibt sie dann? Der Psychotherapeut der Gegenwart kann es sich nicht mehr aussuchen, kompetent oder nicht kompetent zu sein, er darf nicht einfach die Akte schließen und sagen: Tut mir leid, da kann ich nicht helfen. Wo seine Wissenschaft aufhört, da muss seine Menschlichkeit einsetzen, wo die Grenze des Begreifens ist, muss die Liebe zum anderen das Wort finden.[52]

In einem Großbetrieb, wie es die Kliniken sind, oder in zu großen Heimen ist die Auffassung von Frau Lukas kaum durchführbar. Um dem Gesagten folgen zu können, benötigen wir kleinere Wohneinheiten, in denen man sich die Zeit nimmt, mit dem Mitbewohner zu leben, zu reden und zu helfen, denn diese Menschen benötigen viel, viel Zeit, Liebe und Verständnis. Hier benötigen wir aber auch Mitarbeiter, die den Sinn ihres Lebens begriffen haben und in ihrem Herzen frei sind zu sagen: „Ja, ich will einige Zeit meines Bruders Hüter sein." Hüter und nicht Autorität.

All das, was ich jetzt niedergeschrieben habe, kommt eigentlich aus meiner Wut, die ich wirklich habe, wie man Toni und seine Frau behandelt hatte. Aus Menschen machte man beinahe Unmenschen, denen alles gleich ist, die in ihrem Leben keinen Sinn mehr sehen. Toni und seine Frau benötigten zwei Jahre, bis sie sich beruhigt hatten und wieder Sinn am Leben fanden. Toni bekam eine Anstellung in einem Büro, wo er zuerst in der Debitorenbuchhaltung arbeiten konnte und später noch weitere Arbeiten in der Buchführung erhielt. Seine Frau ist in ihrem Haushalt tätig und umsorgt wieder ihren Mann und den Knaben, der mit vielen juristischen Bemühungen wieder zu den Eltern gehen durfte.

Ich möchte im nächsten Beispiel noch auf den Glauben und das Gottvertrauen zu sprechen kommen.

Sonja und die Beziehung zu Gott und die Placebo-Tablette

Die Frau wurde 1948 als jüngstes Kind der Familie geboren. Ihre Mutter war sehr lieb zu ihr. Der Vater war Sattler von Beruf und arbeitete nebenamtlich als Sigrist in der reformierten Kirchgemeinde. Er war sehr streng zu seiner jüngsten Tochter. Als Kleinkind wollte sie am Nachmittag im Bettchen nicht schlafen und wieder aufstehen. So wurde sie kurzerhand einfach angebunden, sodass kaum noch eine Bewegungsfreiheit möglich war. Schlafen konnte das Kind trotzdem nicht.

Sonja kam dann in den Kindergarten und wurde nach einem Jahr eingeschult. Sie ging gerne in die Schule. In der Freizeit beschäftigte sie sich mit Handarbeiten, arbeitete auch gerne im Garten und spielte mit Freude mit ihren Puppen. Schon als Erstklässler erledigte sie auch kleinere Einkäufe für eine ältere Frau.

Mit 10 Jahren hatte sie bereits Schlafstörungen. Wenn sie nicht schlafen konnte und unruhig war, wurde ihr oft erzählt, dass der „Schwarze Mann" komme oder der „Sankt Nikolaus nehme sie mit im Sack in den Wald". An einem Abend auf dem Heimweg nach der Musikstunde bekam sie große Angst und glaubte, ein böser Mann verfolge sie und wolle sie packen. Sie rannte nach Hause und setzte sich mit unheimlicher Angst im Gang auf den Boden und weinte schrecklich. Diese Nachtangst wurde nun ein ständiger Begleiter des jungen Mädchens.

Das Angstmuster wurde dem Kleinkind schon in die Wiege gelegt. „Wenn du nicht schlafen kannst und nicht ruhig bist, dann kommt der Schwarze Mann und holt dich." Wenn sie in der Musikstunde am Abend nach Meinung des Musiklehrers nicht genügte, wurde die Stunde verlängert und das Kind kam noch später auf den Heimweg. Die Angst wuchs – auch, weil sie nicht gut genug gewesen war in der Musikstunde. Damit war die Wurzel für den Verfolgungswahn bereits gelegt.

Die ältere Schwester Magda, die Sonja trösten konnte in der Nacht, wenn sie Angst hatte, die verreiste für ein Jahr ins Welschland. Das Mädchen war sehr traurig, denn jetzt musste es nachts allein im Zimmer sein. Von da an schlief Sonja immer nur mit brennendem Licht.

Die Eltern stritten häufig. Der Vater wurde oft laut und grob. Die Mutter zog sich dann immer zurück. Da der Vater einen Hörschaden hatte, redete er auch immer sehr laut – das kennen wir ja von Toni her –, und das Kind schämte sich über das laute Sprechen seines Vaters. Am Sonntag konnte die Familie kaum etwas unternehmen, da die Frau an Kopfweh litt. Die Kopfschmerzen entwickelten sich zu einer psychosomatischen Krankheit, denn die Frau wollte sich damit ihrem Mann entziehen.

Nach der Primarschule besuchte Sonja drei Jahre die Realschule und danach ein Jahr eine interne Hauswirtschaftsschule. Sie hatte gute Kolleginnen in dieser Schule und fühlte sich im gemeinsamen Schlafzimmer sehr wohl. Da sie ja auch mit ihren Kolleginnen in den Ausgang gehen konnte, musste sie ein Jahr lang keine Angst mehr haben, wenn alle abends nach Hause gingen. Nach diesem Jahr besuchte sie noch die Handelsschule, die sie mit dem Sekretariats-Diplom abschloss.

Nach diesem Jahr verreiste die Tochter noch nach England als Au-pair-Mädchen zu einer Familie mit Kindern. Dort konnte sie noch zur Schule gehen und diese mit dem Lower-Cambridge-Diplom abschließen. Sie litt während dieses Jahres sehr an Heimweh. Ihr fehlten die ältere Schwester und auch die Mutter. Am Abend verließ sie das Haus nie, denn in der Nacht unterwegs zu sein, das war für sie der Horror. Angst hatte sie, sobald es dunkel wurde, oft ging sie zu den Kindern ins Zimmer und schlief auf dem Boden neben ihren Betten.

Aus England zurückgekehrt, arbeitete sie in einem Büro, musste die Stelle aber aufgeben, da sie wieder in der Nacht schlecht schlafen konnte, und die Angst und Albträume kamen vermehrt. Die frühkindlichen Muster wurden zu Hause wieder stärker.

Sie besuchte nun eine Psychiaterin, die ihr Valium verschrieb. Die Indikation mit diesem Medikament macht den Patienten langsam. Würde in diesem Falle nun ein Gespräch, ein Zuhören und ein Versuch, die momentane Situation zu entspannen, nicht auch weiterhelfen? Nein, die Sprechstunde erlaubt diese Zeit nicht. So wird ein Medikament eingesetzt, welches, solange es wirkt, die Angst etwas bannen kann. Dafür aber schläfert es ein, macht stumpf und apathisch und zeigt obendrein recht große Nebenwirkungen. Im Allgemeinen werden psychotische Erregungszustände mit Kombination von hochpotenten Neuroleptika und Tranquilizern wie z. B. Valium, Xanax, Lexotanil, Librium, Frisium usw. bekämpft. Es wird nur ein Symptom bekämpft. Der Ursprung, die Quelle der Angst, bleibt bestehen. Im Moment mag die Angst nur etwas gedämpft sein. Sonja vertrug das Valium ganz schlecht. Es machten sich Nebenwirkungen bemerkbar, und sie hätte auch ihre Arbeit unter diesen Bedingungen nicht fortsetzen können. Sie nahm Valium nicht mehr ein, denn durch das Medikament hatte sie ein großes Schlafbedürfnis, welches sich auch bei ihrer Arbeit bemerkbar machte. Was Sonja auch nicht wusste: dass sich durch das schnelle Absetzen wiederum Nebenwirkungen einstellten. Die Angst kam erneut sehr stark, Unruhe, Schlaflosigkeit, Benommenheit und Halluzinationen wurden ihre Begleiter.

Ich habe oben schon die Frage gestellt: „Hätte man bei der Ärztin durch Gespräche und durch genaues Zuhören nicht mehr erreicht als durch Tabletten?" Der Tierarzt muss den Schmerz eines Tieres erfühlen und ertasten. Er kann nicht fragen: „Wo sind die Schmerzen?" und ein Schmerzmittel einfach abgeben. Genauso muss auch bei den Menschen der Schmerz ertastet und erfühlt werden. Und dafür braucht es eben doch mehr als 50 Minuten oder alle Wochen einmal 50 Minuten Sprechzeit und dazwischen einfach ein chemisches Mittel. Helfen und heilen ist unsere Aufgabe und nich, den Hilflosen einschläfern oder in einen Dämmerzustand zu versetzen. Die technischen Mittel, die die Medizin heute zur Verfügung hat, sind wirklich hervorragend. Aber der Mensch hat nicht nur einen Körper, sondern noch Seele und Geist. Und Seele und Geist können mit einem noch so tollen Apparat nicht durchleuchtet oder behandelt werden. Seele und Geist sind genauso real vorhanden wie der Körper, der nur eine Hülle ist.

Forscher sind sicher, dass die Seele weiterlebt. – Britische und viele andere Forscher sind sicher, dass die Seele nach dem Tod weiterlebt. An der Universität Southampton wurden 63 Herzinfarktopfer untersucht, die klinisch tot waren und gerettet werden konnten. Obwohl keine Hirnströme mehr zu messen waren, erinnerten sich sieben Menschen während der Reanimation an Gefühle von Frieden und Freude. Der Studienleiter sagte: „Ihr Gehirn funktioniert nicht. Sie fühlen mit ihrer Seele." Die Nahtoderlebnisse sind heute ja sehr bekannt.

Sonja erholte sich nicht. Leider folgten jetzt verschiedene Klinikaufenthalte. Man versuchte durch die große Palette von Neuroleptika wie Haldol, Fluanxol, Dapotum, Leponex, Nozinan etc., die Frau zu beruhigen. Es wurde nur ihr Körper ruhig gestellt, Seele und Geist aber nicht.

Die Mutter war durch die familiären Umstände schon lange Zeit depressiv und stand deswegen mit einem Seelsorger in Kontakt. Aber auch Sonja litt trotz ihres Klinikaufenthaltes darunter, dass es der Mutter schlecht ging. Die Mutter und Sonja waren sehr religiös eingestellt. Als Sonja noch zu Hause war, begleitete sie die Mutter oft zum Priester.

Unserer Klientin wurden die Ängste schon im frühkindlichen Alter aufgeschwatzt. Indem sie die Mutter zum Seelsorger begleitete, wurde sie noch weiterhin mit den Ängsteb der Mutter belastet. All dies konnte das Mädchen nicht mehr verarbeiten. Überall wurde es nur noch mit der Angst konfrontiert.

Angst ist der Glaube, dass etwas Unangenehmes oder Furchtbares passiert, dass etwas misslingt, das etwas schiefläuft. Es ist nicht schwer zu erkennen, dass heute ganze Menschengruppen unter Todesangst schwer leiden. Und unter diesen Umständen mag der Glauben an einen Gott auch sehr weit weg sein. Und auch bei denen, denen es besser geht, spielt der wirkliche Glauben keine Rolle mehr, denn es geht dieser Gruppe vielleicht zu gut.

„Auf alle Fälle ist zu betonen, dass Glauben eine menschliche Funktion wie Fühlen und Denken ist, aber auf der geistigen Stufe."[53]

Angst ist eine Grundbefindlichkeit bei auftretender Gefahr. Da kommen die physiologischen Begleiterscheinungen wie Herzklopfen, beschleunigter Atem. Zittern. Schwitzen und weiche Knie. Irreale Ängste vor dem „schwarzen Mann" können schließlich zu Phobien ausarten. Das Schlimme an der Phobie ist, dass kein realer Anlass zur Angst besteht.

Alfred Adler hat wiederholt den Zusammenhang zwischen Angstneurose, besonders in Form von Phobie und Zwangsneurosen, erwähnt. Man muss wissen, dass der Angstneurotiker und Phobiker unter einer Zwangsvorstellung mit besonderem Inhalt leidet. Eben eingeimpft: „Wenn du nicht still und brav bist, dann kommt der Schwarze Mann und holt dich." Diese Angst zwang Sonja, wie schon erwähnt, nachts ständig im Zimmer das Licht brennen zu lassen. Leider verstärkte sich diese Angst, denn sie hörte plötzlich Stimmen. Sie hatte Halluzinationen, die ihr wieder ganz irreale Anweisungen zu geben schienen. Und nun begannen die Aufenthalte in den verschiedenen Kliniken. Das Stimmenhören und die Angst machten sich leider auch am Tag bemerkbar. Sie wurde in jeder Beziehung unsicherer und blieb vor lauter Angst einfach nur noch im Bett liegen. Durch ihr Leiden verlor Sonja leider auch noch ihren Freund. Durch die verschiedenen Medikamente wurden auch noch Halluzinationen verstärkt wachgerufen. Ihr wurde aber auch noch durch den Glauben Angst eingeflößt, weil sie auch hier ein Durcheinander mit Teufel, Gott und Engeln hatte. Sie war eine Suchende. Sie versuchte im Glauben einen Halt zu finden, Ruhe zu bekommen.

Durch das sektiererische Verhalten des Seelsorgers der Mutter konnte sie den richtigen Weg, der ihr eine gewisse Ruhe hätte geben können, nicht finden.

Der Trappist Thomas Merton sagt: „Was nützt es uns, zum Mond reisen zu können, wenn es uns nicht gelingt, den Abgrund zu überwinden, der uns von uns selbst trennt? Dies ist die wichtigste aller Entdeckungsreisen; ohne sie sind alle andern nicht nur nutzlos, sondern zerstörerisch."

Ich bin immer mehr verwundert, dass die Seele und der Geist eines Menschen oft mit Füßen getreten werden. Vor lauter Körper wird die Seele vergessen.

Als die gute Sonja zu uns kam, hatte sie eine Menge Übergewicht. Sie wog 140 Kilo. Sie jammerte, dass ihr ihr Bauch im Wege sei und sie nicht einmal mehr nach unten sehen könne. An Medikamenten hatte sie:

Leponex	600 mg
Melleril	300 mg
Nozinan	300 mg
Seresta	15 mg
Valium	1omg
Deroxat	40 mg
Akineton ret.	4–6 mg
Akineton	4 mg

Insgesamt ergab das 15–18 Tabletten pro Tag. Wobei dieser Pillencocktail in seiner Zusammensetzung nicht zu begreifen ist. Mit all diesen Mitteln kann ja ein Mensch nicht mehr recht denken. Er muss ins Dämmen absinken und halluzinieren. Dieser unverantwortliche Cocktail bringt:
- emotionale Verarmung
- Energie- und Willenlosigkeit
- Persönlichkeitsveränderungen
- Arbeitsschwierigkeiten
- psychische Erstarrung
- möglicherweise hirnlokales Psychosyndrom

- hirnorganische Psychosen
- Apathie
- Depressionen bis hin zum Suizid

Es ist jetzt nicht die Aufgabe darauf hinzuweisen, welche Wirkungen und Nebenwirkungen diese Medikamente auf die Frau hatten. Auf alle Fälle war sie arbeitsuntüchtig und ihre wirkliche Persönlichkeit war vollkommen verschüttet. Sie konnte sich selbst nicht so leben, wie sie dies ohne Tabletten hätte tun können. Die Nachtmedikamente hatte sie bei sich. Sie schlief schlecht und erwachte in der Nacht. Trotzdem rief sie öfter in der Nacht an und bat uns, Medikamente zu bringen. Auf die Antwort: „Die haben Sie ja bei sich" meinte sie: „Ich kann sie nicht finden, kommen Sie doch."

Es gab eine kleine Nachtübung. Wir gingen zu ihr, und siehe da, die Medikamente lagen auf dem Nachttisch neben ihr.

„Da sind doch die Medikamente."

„Oh ja, die habe ich nicht gesehen, aber es ist schön, dass Sie da sind."

Sie begann ein längeres Nachtgespräch, denn sie verstand es sehr gut, uns in ein Gespräch zu verwickeln, welches nicht gleich beendet werden konnte in dem Zustand, in dem Sonja war. Es war uns auch klar, warum sie die Medikamente nicht sehen wollte und uns zu sich rief. Sie hatte Angst, als sie erwachte. Im Haus war alles ruhig und still und sie hatte Angst mit ihren quälenden Gedanken, Erinnerungen und zum Teil mit ihren Stimmen, die sie hörte. Jetzt brauchte sie einfach jemanden, der bei ihr war, der sich mit ihr unterhielt und bei dem sie sich sicher wusste. Solange wir bei ihr im Zimmer waren, konnten ihre Ängste sie nicht mehr belästigen. Es waren nicht die Medikamente, die sie wollte, sondern das Gespräch, um ihre Ängste loszuwerden. Als Erstes konnten in dem Moment, wo wir neben ihr saßen, die Medikamente abgebaut werden, denn wir gaben sie ihr nicht mehr, denn nach dem Besuch verlangte sie diese auch nicht mehr. Dieser Abbau ging natürlich nicht von einem Tag auf den anderen, sondern nach längerer Zeit konnten wir die Nachtmedikamente streichen, aber noch nicht nach dem

Besuch bei ihr. „Was machten Sie in der Klinik, wenn ie nicht schlafen konnten?", fragte ich sie eines Nachts.

„Ich stand auf und torkelte wie eine Besoffene durch die Gänge, die ja hell erleuchtet waren. Oder ich schaltete den Fernseher im Gruppenzimmer an. Ich konnte am Morgen, wenn es hell war, wieder ins Bett gehen und schlafen. Ich lebte in der Nacht und schlief am Tag."

„Was machte die Nachtwache?"

„Die ließen mich gewähren, gaben mir Tabletten, die ich aber erst nahm, wenn ich ins Bett ging. So habe ich eben dann den Tag verschlafen. So habe ich auch an Gewicht zugenommen."

Das war nun möglicherweise die Erklärung, warum bei unseren Klinikbesuchen oft einige Leute im Bett lagen oder auf einem Stuhl sitzend vor sich hin dämmerten.

Auf ihrer Bettumrandung standen viele Bibelsprüche, die sie eingerahmt hatte. „Woher haben Sie diese vielen Bibelverse?"

„Von meiner Mutter und meiner Tante. Wissen Sie, dass ich krank bin, ist die Strafe, weil ich Gott nicht immer gehorsam war."

„Wer sagte Ihnen so etwas?"

„Ich hörte doch auch in der Predigt und in der Seelsorge, dass wer sündigt, auch bestraft wird."

„Haben Sie denn gesündigt?"

„Ja, ich schlief mit meinem Freund, obwohl ich nicht verheiratet war."

„Und weiter."

„Ich war auch nicht immer gehorsam. Ich fluchte, ich redete schlecht über meine Eltern und andere Menschen. Ich masturbierte. Jetzt geht es nicht mehr, weil ich zu dick bin."

„Deswegen sind Sie krank?"

„Ja, Gott straft mich. Hätte ich das alles nicht getan, dann wäre ich auch gesund."

Jetzt kam ein weiteres Problem. Es waren nicht nur die Ängste, dass sie verfolgt wurde, dass sie Stimmen hörte, sondern jetzt kam auch noch die Angst vor einem strafenden Gott. Leider haben noch viele Leute diese Angst, die nicht hospitalisiert sind. Dieser fundamentalistische Glaube ist noch bei vielen Freikirchen anzutreffen.

Wenn das so wäre, dann müsste die gesamte Menschheit inklusive derer, die solche Ängste predigen und in der Seelsorge mit diesem Gott arbeiten, verrückt und krank sein.

Über diese Gesinnung, die man Sonja aufschwatzte, wurde ich genauso wütend wie der Theologe Tilmann Moser, der in seinem Buch „Gottesvergiftung" schrieb:

„Lieber Gott, ich möchte mit einem Fluch beginnen und mit einer Beschimpfung, die mir bald Erleichterung brächte. Eine Art innere Explosion müsste es werden, die dich zerfetzt. Ich wäre dann nicht nur dich, sondern auch diese elende Beschämung los, mich noch einmal mit dir beschäftigen zu müssen.

Weisst Du was das Schlimmste ist, das sie mir über dich erzählt haben? Es ist die tückisch ausgestreute Überzeugung, dass du alles hörst und alles siehst und auch die geheimen Gedanken erkennen kannst. In der Kinderwelt sieht das dann so aus, dass man sich elend fühlt, weil du einem lauernd und ohne Pause des Erbarmens zusiehst und zuhörst und mit Gedankenlesen beschäftigt bist ... und das war ja immer das Schlimmste: dich traurig zu machen – ja die ganze Last der Sorge um dein Befinden lag ständig auf mir, du kranke empfindliche Person, die schon depressiv zu werden droht, wenn ich mir die Zähne nicht geputzt hatte. Also: Hosen zerreißen hat dir nicht gepasst; im Kindergarten mit den andern Buben im hohen Bogen an die Wand pinkeln, hat dir nicht gepasst, obwohl gerade das ohne dich ein eher festliches Gefühl hätte vermitteln können; die Mädchen an den Haaren ziehen, hat dich verstimmt; an den Pimmel fassen, hat dich vergrämt; die Mutter anschwindeln, was manchmal lebensnotwendig war, hat dir tagelang Kummer gemacht; den Brüdern ein Bein stellen, brachte tiefe Sorgenfalten in dein sogenanntes Antlitz ... Was wird der liebe Gott dazu sagen? Durch diesen Satz war ich früh meiner eigenen inneren

Gerichtsbarkeit überlassen worden ... Die ‚Selbstzucht', wie das genannt wurde, war mir überlassen, oder besser der rasch anwachsenden Gotteskrankheit in mir. Du hat mir dann noch kaum Chancen gelassen, mit mir selbst ein auskömmliches Leben zu führen. Weißt du welches Wort mich mit einer abenteuerlichen tiefen Angst erfüllte? Aussätzigkeit. Dir ist es doch tatsächlich gelungen, dass ich mich wegen meiner kleinen Durchschnittssünden jahrelang aussätzig fühlte."[54]

Wem dieses Gottesbild gelehrt wird, der kann einem wirklich leid tun. Und dieses Bild hat man offenbar auch Sonja nahegebracht. Gott ist hier der kleinliche Buchhalter mit lederverstärkten Ellenbogenschonern und einer Brille, wo er heimtückisch oben durchschaut und wenn möglich noch den Bleistift hinter das Ohr geklemmt, damit er sogleich eine Notiz über das schlechte Benehmen seiner Schäfchen hinwerfen kann. Gott wird zur reinen strafenden Kreatur. Und genau so erlebte Sonja ihren „lieben Gott". Durch eine falsche Auslegung des Gottesbegriffs entsteht das falsche Gottesbild. So denken meistens Menschen, die den Glauben radikal leben wollen. Sie spielen sich eine falsche Welt vor und haben dabei vergessen, dass Jesus Christus auf die Welt gekommen ist, um das alte, strafende Testament abzulösen. Der Vater war sehr streng zu Sonja. Was sagt der Psychiater Freud: „Gott ist immer eine Vaterprojektion des Menschen an den Himmel." Die Erfahrung mit wichtigen Beziehungspersonen prägt leider oft unser Verhältnis zu Gott.

Gläubige Fundamentalisten haben offenbar nie etwas vom Gleichnis „Heimkehr des verlorenen Sohnes" gehört.

Diese Gottesbeziehung neu zu überarbeiten war vielleicht der Schlüssel, um Sonja von vielen Ängsten zu befreien, die ihr schon im Kleinkindalter beigebracht wurden. „Wehe, wenn du nicht brav bist, kommt der schwarze Mann." Etwas später: „Gott bestraft dich, wenn du dieses und jenes machst." Sie lernte nur: Wenn du nich, ... dann folgt die Strafe." Was für eine schreckliche Erziehung!

Ganz sorgfältig mussten wir in der Therapie Folgendes angehen: Überprüfe deine Projektionen, deine Vorurteile, deine Einbildung, deine Entwürfe, die du dir machst, und überprüfe genau deine Gedanken. Sie musste lernen, skeptisch zu sein, gegen die, die den Anspruch erheben, aufgrund ihres Amtes oder ihres Glaubens unfehlbar zu sein. Der Zweifel zu glauben bedeutet demütige Anerkennung der Begrenztheit menschlichen Verstehens.

Wir sprachen viel über die Angst enttäuscht, bestraft, verstoßen und nicht akzeptiert zu werden. In vielen Nachtgesprächen konnte die Angst vor Gott oder von anderen abgelehnt zu werden und damit an Wert zu verlieren und die Angst, Beziehungsstörungen nicht abbauen zu können, bereinigt werden. Angst macht den Menschen untüchtig, richtig zu reagieren. Wir müssen nicht am Glauben zweifeln, wir dürfen auch aus Glauben Zweifel haben, ohne betraft zu werden. Angst blockiert, verspannt und belastet den ganzen Organismus. Angst wird zu einem psychosomatischen Vorgang, der an Leib und Seele Reaktionen hervorruft und damit den ganzen Menschen auf die Dauer belastet und krank macht.

Ein kleiner Knabe wurde von seinem Vater in einem Karren hoch oben über ein ausgespanntes Seil gefahren. Ein Zuschauer fragte den Jungen: „Hast du denn da oben keine Angst?"
„Nein", lachte der Knabe, „es ist doch mein Vater, der mich über das Seil schob." Das Vertrauen zu seinem Vater machte ihm keine Angst.

Diese Geschichte machte auch Sonja Eindruck. Das Vertrauen vom Kind zu den Eltern sollte nie gestört sein. Woran will sich ein Kind orientieren, wenn es sich nicht auf seine Eltern verlassen kann? Oder was kann mit einem Kind geschehen, wenn die Eltern selber auf einer falschen Spur laufen, so wie es bei Sonjas Mutter eine falsche spirituelle Einstellung hatte. Seelische Störungen, psychosomatische Krankheiten, Nervenzusammenbrüche – seelisch krank zu werden sind Folgen von seelischen

Verletzungen, aus der Gemeinschaft ausgeschlossen zu werden. Verletzte möchten diese Niederlagen oft kompensieren, indem sie sich überfordern und dann krank werden.

Es muss oft dem Leidenden klargemacht werden, dass Krankheiten nicht Strafen von Gott sind, weil wir gut oder böse sind, weil etwas erlaubt oder nicht erlaubt ist. Wir konnten Sonja auch auf den Satz von Bonhoeffer aufmerksam machen: „Gott erfüllt nicht alles, was wir wollen, aber er erfüllt alle unsere Verheißungen." Du darfst versagen. Das gehört zu unserem Leben. Und Gott ist die Liebe. Wir machten sie noch auf einen wichtigen Bibeltext aufmerksam. Römer 8, 31. 38 + 39. „Was wollen wir noch weiter sagen? Gott ist auf unserer Seite, wer kann uns dann noch etwas anhaben? Ich bin gewiss, dass uns nichts von der Liebe trennen kann; weder Tod noch Leben, weder Engel noch andere Mächte, weder Gegenwärtiges noch Zukünftiges, weder etwas im Himmel noch etwas in der Hölle."

Ständige Verunsicherungen der Kinder und ihnen Angst einflößen für jeden vermeintlichen Fehltritt, der gerade nicht ins Konzept der Eltern, Lehrer oder der Kirche passt, wie dies bei Sonja war – da entwickeln sich Angst und Zwangsneurosen. Wie schon erwähnt reagiert der Angstneurotiker mit Angst vor der Angst. Eigentlich flieht der Angstneurotiker vor der Angst. Der Zwangsneurotiker reagiert mit Angst vor dem Zwang. Er kämpft gegen Symptome an und dieser Kampf ist eigentlich die Krankheit. Angst kann zum Zwang führen. Wie verhielten sich der Vater, Mutter und der Seelsorger gegenüber Sonja? Er bestimmte, regierte, kontrollierte, überwachte und manipulierte das Mädchen. Dazu kam dann noch die wichtigste, aber auch dümmste Drohung: „Wenn du nicht folgsam bist, hat dich der liebe Gott nicht mehr gern und du wirst grausam bestraft."

Sonja sprach viel über ihr Beten. „Ich muss doch noch viel mehr beten und glauben, dass es mir gut geht. Meine Tante sagte mir schon einige Male: Wenn ich wirklich glauben würde, wäre ich schon längst gesund. Dass ich noch nicht gesund bin und immer dicker und unansehnlicher werde, da hat mich Gott doch gar nicht lieb. Damit straft er mich, dass ich nicht mehr masturbieren kann. Ich war eben in sexueller Hinsicht auch unfolgsam."

In einem Nachtgespräch lasen wir Sonja Folgendes vor: „Das Gebet ist eine Leiter, auf der jemand zum Himmel emporsteigen kann. Zu Gott flehen ist ein Licht zum Herz."
Erleuchtung für unser Schauen, Leben für unsere Seele und Erhöhung für unser Wesen. Das Gebet wird oft als Verbindung des Menschen mit Gott und als Zwiesprache mit ihm bezeichnet. Man kann es auch als Gottesdienst definieren oder ansehen als geistige Nahrung, die die Seele des Menschen ernährt. Es ist eine heilende Arznei für die Seele und ein Licht für unser Herz.
Weil Gott will, dass wir zu ihm beten, wie dies in verschiedenen heiligen Schriften klar ausgedrückt wird. Es ist ein Zeichen der Gnade Gottes und seiner Barmherzigkeit. Außerdem ist der Drang zu beten natürlich und entspringt der Liebe des Menschen zu Gott.
Wenn wir zu Gott beten, wachsen unsere geistigen Anlagen und Fähigkeiten, besonders unsere Erkenntnis und unser Verständnis. Die Zuwendung zu Gott belebt unsere geistigen Kräfte aufs Neue und hilft, sich von materiellen Dingen und dem kleinen ICH abzuwenden. Unser Wahrnehmungsvermögen, das innere Gesicht wird geistiger. Diese Vervollkommnung des inneren geistigen Lebens ist notwendig, damit Religion nicht nur zur bloßen Organisation entartet und abstirbt.
Gott soll nicht unsere Wünsche und Sehnsüchte stillen. Das Gebet hilft uns, unsere Wünsche dem göttlichen Willen anzupassen und in Übereinstimmung zu bringen. Anders sind echte Zufriedenheit und innerer Friede nicht möglich."[55]

Wir mussten Sonja sagen: „Gott ist kein Briefkasten. Wir können nicht nur beten und dann Däumchen drehen und warten, bis ein Wunder geschieht. Was wir im Gebet wünschen, dazu müssen wir uns auch selber bewegen. Zum Lahmen sagt Jesus: ‚Dein Glaube hat dich geheilt. Steh auf, nimm dein Bett und wandle.' Der Lahme musste auch etwas tun, nämlich aufstehen, seine Matte zusammenrollen, auf die Schulter legen und gehen. Liebe,

Sonja, wünschen Sie nicht nur im Gebet, sondern danken Sie auch. Danken Sie Gott, dass Sie die Angst verlieren, dass Sie Ihre überflüssigen Kilos verlieren, danken Sie, dass Sie gut schlafen können während der Nacht und danken Sie auch, dass Sie von Ihrem Medikamentencocktail loskommen."

Blumenthal schreibt weiter: „Ermutigung ist eine der wesentlichen Aufgaben, welche die heutige Zeit von uns fordert. Um dieser Aufgabe gerecht werden zu können, müssen wir den dritten Faktor kennenlernen, der zusammen mit der Liebe und der Erkenntnis zu einem Dreigestirn der Einheit gehört, der Glaube."[55]

Wir führten mit Sonja einige Gespräche in dieser Richtung. Mit der Zeit wurden die nächtlichen Telefongespräche immer seltener und gewisse Medikamente konnten gestrichen werden. Sonja entwickelte einen unheimlichen Willen, am Tisch weniger zu essen und im Laden weniger Schleckereien einzukaufen. Sie konnte ihr Gewicht bis auf 70 kg herunterbringen. Alle diese Erfolge, die sie erzielte, stärkten auch ihr Selbstvertrauen. Mit dem Wachsen des Selbstbewusstseins wichen ihre Ängste, Zwänge, und die Tabletten konnten ständig reduziert werden.

Es hat sich eindeutig gezeigt, wie ich schon oft erwähnt habe, dass die Medikamente den Seelenzustand von Sonja nicht verbesserten. Im Gegenteil, jedes Medikament, dass sie schlucken musste, vernichtete ihre Persönlichkeitsstruktur.

Die therapeutischen Gespräche, der Abbau der Medikamente, das Zurückfinden zu einem gesunden Glauben änderte das ganze Wesen von Sonja. Sie wusste, dass sie nicht mehr alleine war, ob es nun Tag oder Nacht war. Sie konnte zu ihrem Gott, den sie nur als strafende Macht kennen-gelernt hatte, wieder Vertrauen fassen und lernte, dass Gott auch ein liebender Gott ist.

Wie oft können wir doch in den Augen der Mitmenschen sehen, dass sie nach einer Hilfe schreien, ihre Minderwertigkeitsgefühle, ihre Einsamkeit und Verlassenheit lassen diese Menschen immer mehr vereinsamen, weil sie lieber eine Fassade aufbauen, als sich für eine gewisse Zeit an den Händen nehmen und führen zu lassen.

Durch das Gesundheitsamt in Bern werden wir alle orientiert, dass es heute immer mehr Jugendliche gibt, die den Weg ins Leben nicht mehr finden, dass die psychischen Krankheiten enorm am Zunehmen sind. Woher kommt die große Verzweiflung unserer Jugendlichen und vieler Mitmenschen, die in unserer nächsten Nähe sind?

Menschen vereinsamen in großen Wohnblöcken, in der Familie und am Arbeitsplatz. Sie finden zum Teil in unserem sozialen Gefüge keine Annahme und Aufnahme mehr.

Ein großer Prozentsatz unserer Kinder sind Schlüsselkinder. Sie leben auf der Straße, weil niemand zu Hause ist und es noch an Tagesschulen und Kinderhorten mangelt oder das nötige Geld dazu fehlt. Für gewisse Kinder beginnt die Vereinsamung schon vor dem Fernseher, beim Computerspiel, beim SMS-Schreiben. Wir wundern uns, dass dann diese Kinder in eine irreale Welt abgleiten und in einer Fantasiewelt zu leben beginnen.

Von all den Menschen, die wir über 13 Jahre betreuen durften, kamen 41 % aus geschiedenen Ehen. Die Jugendlichen wurden mit einer zerrissenen Familiensituation konfrontiert, mit der sie seelisch nicht fertig wurden. 33 % wuchsen in einer Familie auf, die keine Zeit für ihre Kinder hatte, weil beide am Arbeiten waren. 10 % wuchsen in einer streng fundamentalistisch religiösen Familie auf. Bei diesen Menschen waren die ekklesiogenen Neurosen keine Seltenheit. 6 % wurden durch verschiedene sexuelle Arten in die psychische Einsamkeit geschickt. Und 10 % stammen aus Familien, in denen der Mann oder die Frau dem Alkohol verfallen waren und sehr oft misshandelt wurden.

Damit möchte ich keinesfalls andeuten, dass unsere Familien nicht gesund sind. Ich wollte nur aufzeigen, in welchem Milieu unsere Klienten großgeworden sind, die in den genannten Verhältnissen aufwuchsen, sich ihre eigene Umwelt aufbauten und die dann plötzlich nicht mehr in unsere „so normale Welt" passten.

Von den Frauen und Männern, die wir betreuen durften, waren die meisten schon mehrmals hospitalisiert gewesen. Es handelt sich bei ihnen nach Aussagen der Klinik um „Langzeitpatienten", die man nach Einsicht in die Krankengeschichte nicht mehr therapieren konnte. Grundsätzlich hatte man die Mehrzahl unserer Klienten aufgegeben. Ich habe Ihnen früher schon erzählt, was im vertraulichen Gespräch mit den Ärzten geäußert wurde:
- der Patient ist zu lange bei uns;
- infolge des Personalmangels;
- seine Verwahrlosungstendenzen sind zu stark;
- ich kann mich mit dem Patienten nicht mehr zurechtfinden.

Aber ich habe auch gesagt, dass wir auch nur mit Wasser kochen würden. Aber wir sind eine kleine Institution, wir nehmen uns Zeit für unsere Klienten, wir haben hervorragende Mitarbeiter, wir ziehen alle am gleichen Strick, wir können uns gegenseitig aufmuntern, was wir alle auch nötig haben. Und wir bauen Medikamente ab soweit wie nur möglich, wir versuchen diesbezüglich auf Null zu kommen.

Denn wer in einer psychischen Krise steckt, kann sich meistens nicht allein und aus eigenem Antrieb herausarbeiten. Der Betreffende muss sich nicht als Versager vorkommen, er sollte nur einen Menschen suchen und finden, der ihm weiterhelfen will und weiterhelfen kann. Sicher müssen wir akzeptieren, dass es Menschen gibt, die vorübergehend Medikamente benötigen, um das seelisch Gleichgewicht vielleicht schneller wiederzufinden.

Warum haben wir versucht, mit unseren Gästen Psychosen und andere Krisen ohne Medikamente durchzustehen? Neuroleptika sind alles Nervendämpfungsmittel. Die Wirkung von Dapotum, Nozinan, Minozinan, Haldol, Leponex, Dapotumdepot und Fluanxoldepot sind mehr oder weniger ähnlich. Diese Medikamente und andere werden bei Psychosen, Wahnvorstellungen, Schizophrenie und Paranoia usw. eingesetzt. Leider werden diese Medikamente aber auch von Allgemein-, Kinder- und Tierärzten eingesetzt. Neuroleptika bewirken eine sedativ-(ruhigstellend) hypnotische Wirkung. Chemisch unterdrückt wird die gesamte emotionale Ansprechbarkeit und Triebe, Affekte, Stimmung etc. Durch diese Medikamente können Apathie, emotionelles Verhärten, noch mehr Verzweiflung und Verwirrtheitszustände wachgerufen werden. Therapeutisch haben die Neuroleptika eine ermüdende und ruhigstellende Wirkung, die in ganz wenigen Minuten bereits eintreten kann.

So werden auch hyperaktive Kinder zum Beispiel mit Chlorprothixen oder Haloperidol von Ärzten ruhig gestellt. Diese Medikamente ergeben eine psychomotorische Ruhigstellung. Die Nebenwirkungen sind dann eine ständige Müdigkeit und Schläfrigkeit. Die Arbeits- und Denkmöglichkeit dieser Kinder ist dann absolut eingeschränkt. Patienten, denen diese Psychopharmaka verabreicht werden, werden meistens entspannter, aber auch angepasster und unproduktiver. Sie werden stumpf und apathisch. Patienten, die diese Medikamente schluckten, sagten zu mir: „Ich fühle mich wie in einem Panzer oder in Beton eingemauert." Der Körper, vor allem Leber und Blut, die ganze Seele wird beeinträchtigt. Die Kreativität und die ganze Arbeitskraft gehen verloren.

Klaus Windgassen von der Universität Münster lässt in seinem Buch „Schizophreniebehandlung aus der Sicht des Patienten" einen Patienten zu Worte kommen: „Nehm ich die Tabletten, leb ich eben nicht intensiv genug. Dann bin ich halt wie unter einer Käseglocke. Abgeschirmt gegen meine Umgebung, und das will ich ja nicht. Ich will ja mit den andern zusammenleben.
    Ich habe das Gefühl völlig verflacht und verarmt zu sein, und zwar schon seit ungefähr drei Jahren. Es ist mir aber alles erst jetzt bewusst. Ich stufe mich erst jetzt als krank ein. Vorher habe ich mich dagegen vehement gewehrt. Ich kann nichts mit vollziehen, als wenn ich gefühlsmäßig nicht mehr differenzieren könnte. Ich fühle gar nichts mehr! Die Gefühle sind schwächer geworden. Ich habe das Gefühl ich lebe hier nicht."[56]

Was sagt Klaus: „… sodass man mir im November 1983 das Hirn aus meinem Kopf zu spritzen versuchte."

„Ich verstehe die Sprachen der Menschen nicht und darum verstehen sie mich nicht."

„Meine Gedankenwelt ist zerbrochen. Jeder Schritt, den ich nach vorne wage, ist zwei zurück."

Susi meinte: „Ehrlich gesagt: Ich wäre lieber auch gegangen, wenn ich gewusst hätte, was ich alles erleben und durchmachen muss, um an das Lebensziel zu kommen. Nein, da wäre ich auch lieber tot gewesen." Die Neuroleptika hatten ihre persönlichkeitsbeeinträchtigende Wirkung vollbracht.

Ich komme nochmals auf Fischer und Greenberg zu sprechen. Die Behauptung, „dass die beobachteten Effekte denjenigen von Placebos überlegen sind, wurde bis jetzt nicht erbracht". Tatsächlich mussten wir dies auch feststellen. Alexandra kam immer wieder in der Therapiestunde mit der Bitte zu uns, man solle ihr doch eine Tablette geben gegen die Stimmen, die sie immer höre und die sie plagen. Oft kam sie auch während des Essens zu uns an den Tisch und verlangte eine Tablette. Anfänglich gaben wir ihr die Pille, die vom Arzt verschrieben war. Allerdings hatten wir das Gefühl, dass ihr Wunsch immer extremer wurde. Eines Tages sagte ich zu Alexandra: „Wenn ich gegessen habe, bekommen Sie eine Tablette, die Ihnen ganz sicher die Stimmen nimmt und die sie dann gar nicht mehr hören." Nach dem Essen ging ich zum Medikamentenschrank und holte eine Placebo-Tablette und gab sie ihr. Als ich sie nach einer Stunde wieder sah, fragte ich ganz besorgt: „Was machen Ihre Stimmen?"

„Die sind weg. Nach der Einnahme der kleinen weißen Pille war ich frei von den Stimmen."

Alexandra kam noch vier- bis fünfmal mit der Bitte um eine kleine weiße Tablette. Man möge es jetzt glauben oder nicht, die Stimmen konnte Alexandra nie mehr hören. Sie war sehr glücklich über die kleine, weiße Tablette, die ihr so toll geholfen hat. Wir waren es auch.

Die Wirkung des Placeboeffekts liegt nur beim Glauben des Patienten, dass dies eine wirksame Tablette war, was wir ihr auch suggerierten. Der Placeboeffekt ist ganz eng mit der Therapeuten-

Patienten-Beziehung verbunden. Wer das Vertrauen zum Therapeuten hat, der hat auch einen schnellen Therapieerfolg (Anschwindeln ist nur in puncto Placebos erlaubt). Die Placebos haben eine rein psychische Wirkung, die durch die Einnahme hervorgerufen wird. Marc Rufer sagte weiter: „Placebos haben nicht nur erwünschte positive Wirkungen, nein, die können auch negative Effekte auslösen. Da die Erwartungshaltung der Konsumentinnen und Konsumenten den Placeboeffekt bestimmt, ist es nicht weiter erstaunlich, dass Scheinmedikamente sowohl positive wie negative Auswirkungen haben. Interessant sind die Resultate eines Versuches bei dem Krankenhauspatientinnen und -patienten, die Placebos zu sich nahmen, mitgeteilt wurde, sie erhielten ein Brechmittel. 80 % diese Patienten erbrachen darauf wirklich. Mit anderen Worten: Ein Placebo – und damit jedes Medikament – kann grundsätzlich, je nachdem, was den Konsumentinnen mitgeteilt wird beziehungsweise was sie über die Wirkung der betreffenden Substanz sonstwie erfahren haben, erhoffen oder befürchten, rein psychisch bewirkt jeden möglichen günstigen und ungünstigen Effekt auslösen.

Die einzige Bedingung ist, dass die Konsumenten und Konsumentinnen davon überzeug sind, dass sie tatsächlich eine biologisch wirksame Substanz zu sich genommen haben."[57]

Alexandra glaubte uns, dass wir ihr ein gut wirksames Mittel verabreicht hätten, da sie genau wusste, dass wir mit ihr immer deutlich über ihre Nöte gesprochen hatten und sie auf unsere Hilfe immer zählen konnte. Der Erfolg mit der Placebopille hat aber auch uns sehr erstaunt.

Über die Meinungsäußerung über den Glauben und Alexandra haben wir Sonja beinahe vergessen. In Wirklichkeit haben wir aber mit der Frau und mit den Eltern streng gearbeitet. Sonja fand dann einen Arbeitsplatz in einem Kinderheim, wo sie im Hauswirtschaftsdienst und in einer Gruppe mitarbeiten konnte und glücklich ihre Arbeit verrichtet.

Was ist eine Psychose?

Lesen wir im Duden: **Psychose** = Seelenstörung, Geistes- und Nervenkrankheit. Dies ist eine sehr einfache Erklärung. Eine Psychose ist eine Störung der Seele, wie wir das bei den meisten unserer Patienten gesehen haben. Bei allen wurde sehr früh die kindliche Seele verletzt. Wie wir schon gehörte haben, ist die Seele durch ein Wahnerleben und durch eine veränderte Wahrnehmung in Mitleidenschaft gezogen. Die Seele leidet enorm, der Körper kann – muss aber nicht – in dieser Situation auch beeinträchtigt werden und Krankheitssymptome zeigen. Vielfach geschieht es dann, wenn der Patient, der gerade eine Psychose durchleidet, seinem Körper selber Schaden zufügt, was nicht selten vorkommt. Wir dürfen auch hier nicht vergessen: „Wenn ein Glied leidet, dann leiden alle anderen Glieder mit."

Im psychotischen Zustand aber erkennt der Kranke nicht, dass er krank ist. In diesem Zustand kommt oft noch ein Beeinträchtigungs- und Verfolgungserlebnis dazu. Erinnern wir uns doch an Kurt. Kommen Psychosen unverhofft in Familien oder am Arbeitsplatz vor, wird dann zum Schutze des Betroffenen und auch zum Schutze seiner Umwelt dieser zwangsweise in eine psychiatrische Klinik eingewiesen, oft sogar unter Polizeibegleitung, weil leider zerstörerische Aktivitäten geschehen könnten. Was dann dort passiert, das ist uns bekannt.

Verwunderlich ist, dass selbst in seinem elenden Zustand der verwirrten Gedanken und des Spannungsirreseins der Verstand des Kranken normal arbeitet. Allein aufgrund seiner Wahnvorstellung sieht er sich zu diesem irren Benehmen gezwungen, was auch immer die tatsächliche Wahnmotivation sein mag. Vielfach bleibt bei erkrankten Menschen nach diesen Verschlechterungen oder auch Rückfällen eine Behinderung in Form von einer verminderten Stressverträglichkeit. So kann es auch zu großen Defiziten in der sozialen Kommunikation kommen. Dieser

Zustand tritt nun wiederholt bei Manisch-Depressiven und Schizophrenen auf.

Der Wirbelsturm einer Psychose bedeutet für den Betreffenden ein sehr großer Einschnitt in seinem Leben. Er kommt, wenn sich nicht Menschen um ihn kümmern, die dem Leidenden nahestehen, unweigerlich in eine soziale Isolation.

Es ist eine Vielzahl von Funktionen, die zur manischen Depression und zur Schizophrenie und dann möglicherweise zu den Tornados beitragen. Es können biologische Veranlagungen, soziale Umwelteinflüsse im Laufe der Entwicklung oder bestimmt Stresseinflüsse, die zu einer starken Verletzlichkeit führen, sein. Was alles schon erwähnt wurde. Viele Menschen sind sehr sensibel, sie konnten den Verletzlichkeiten und Wirbelstürmen des Lebens kaum standhalten. Auslöser der Krankheit können belastende Ereignisse im Leben einer Person sein, wie zum Beispiel Todesfälle, Scheidung und andere schwerwiegende Erlebnisse – wie auch schon erwähnt – wie auch Vergewaltigung oder Inzest. Jetzt wird eine Art Filter eingebaut, die die Bedeutung des Wahrgenommenen verschiebt. Das Wahrgenommene wird nun eben „ver-rückt", verschoben. Der gesunde Informationsfilter fällt einfach weg.

Das Gehirn kommt mit der Reizflut, die von außen einströmt, nicht mehr klar. Es schaltet einfach um, d. h. auf eine andere Stufe der Umweltwahrnehmungen. Jetzt ist es möglich, dass das gestresste Nervensystem spürbare körperliche Symptome weckt.

Menschen, die schon einmal in ein solches Unwetter geraten sind, können mit Glück eine zukünftige Situation, die sie in dieses Gewitter führen will, erkennen und dementsprechend dagegenhalten, indem sie versuchen, sich vom aufkommenden Stress zurückzuziehen.

Während einer Psychose sind die optischen und akustischen Umweltinformationen für den Leidenden zu viel. Peter R. Breggin meint, „dass der Patient in dieser Situation in einer psychospirituellen Krise sei". Die Reaktion auf Farben wie die Wahrnehmung der Bezüge auf die eigene Person funktioniert nicht richtig. Die auftauchenden Symptome verlangen nach einer Begründung. Nach Überzeugung des Kranken ist das Wahrnehmen von Stimmen, Schmerzbeschwerden mit Sicherheit eine Verschwörung der Familie, eines Geheimdienstes oder gar von Göttern. Die krankhafte Überzeugung wird noch um einiges verstärkt, wenn Gewalt angewendet wird, wie z. B., wie schon erwähnt, Festbinden ans Bett, Isolation oder durch zwangsweise Abgabe von ruhig stellenden Medikamenten.

Allerdings streiten sich einige der Gelehrten darüber, ob die Neuroleptika wirklich eine direkte Auswirkung auf die Wahngedanken haben oder ob die Medikamente nicht noch schlimmere Nebenwirkungen auslösen wie Muskelkrämpfe, Muskellähmungen, starke sedative Wirkungen, vermehrte Ängste, Muskelzuckungen im Mundbereich und den Gliedmaßen. Werden diese Nebenwirkungen mit dem Kranken nicht gründlich besprochen, so sieht er in diesen Nebenerscheinungen wieder unerklärliche Gründe oder gar einen außerirdischen oder anderen Einfluss, der auf ihn ausgeübt wird.

Gerade in der Phase dieses Krankheitsbildes benötigt der Patient Ruhe, eine gewohnte Umgebung, wenn möglich viel Schlaf und keinen unnötigen Stress wie das Festbinden und Isolieren und Zwangsspritzen. Anstelle von Zwangseinweisung, ungewohnter Umgebung und fremden Menschen wäre es viel besser, der Patient könnte zu Hause oder in einer gewohnten Umgebung bleiben. Leider ist dies vielfach nicht möglich, da selbst gestresste und verständnislose Angehörige, Heimbetreuer, Sozialarbeiter, Sozialpädagogen den Anforderungen, die an sie gestellt werden, nicht genügend gewachsen sind.

Was sagt die Wissenschaft über Psychosen?

Redlich F., C. Freedman: „Der Psychosebegriff ist eine Bezeichnung für eine schwere tief greifende Störung der höheren psychischen Funktionen." Sie ist durch eine Ich-Schwäche, Beziehungsstörungen, einen Realitätsverlust und Persönlichkeitsabbau gekennzeichnet. Der Schweregrad einer Psychose kann verschieden sein. Die Psychosen sind krankhafte Zustände, in denen die Beeinträchtigung der physischen Funktionen ein Ausmß annehmen, das weder durch momentane Einsicht noch durch die Fähigkeit, den üblichen Lebensanforderungen zu entsprechen, aufgehoben werden kann. Der Realitätsbezug zu sich und der nächsten Umwelt ist stark gestört und unterbrochen.

Eine Unterteilung und Klassifikation ist notwendig, da die Ätiologie zwischen körperlich begründbaren (exogene und organische Psychosen) und körperlich nicht begründbaren Psychosen (endogene Psychose) unterscheidet. Zu den endogenen Psychosen zählt man die Schizophrenien und die Zyklothymien (manisch-depressive Erkränkung), wie schon oben erwähnt wurde.

Freud interpretiert die Psychose als eine psychopathologische Abwehrform. „In Neurose und Psychose" schreibt Freud (1924/1982), dass psychotische Störungen als ein Riss zwischen dem Ich und der Außenwelt gesehen werden müssen. Er unterscheidet auch zwischen einem neurotischen und psychotischen Konflikt. Er meint, dass die Neurose die Realität nicht verleugnet, sie will nur nichts von ihr wissen. Die Psychose aber verleugnet die Realität und sucht sie einfach zu ersetzen.

Adler betrachtet die Einheitlichkeit der Dynamik des gesunden und kranken Seelenlebens, insbesondere auch die Gemeinsamkeit des nosologischen (Nosologie = Lehre von der Krankheit, systematische Beschreibung der Krankheit/nosologisch) Prinzips von Neurose und Psychose.

Adler schreibt weiter: „Die von mir gefundenen beschriebenen treibenden Kräfte der Neurosen und Psychosen: kindliches Minderwertigkeitsgefühl – Sicherungstendenz, Kompensationsstreben – in der Kindheit errichtetes, hernach teleologisch (durch den Zweck bestimmt, zweckhaft, aus der Zweckmässigkeit der Welt) wirkendes, fiktives Ziel der Überlegenheit – die sich ergebenden erprobten Methoden, Charakterzüge, Gefühle, Affekte, Symptome und Handlungen gegenüber den Forderungen des gesellschaftlichen Zusammenhangs – alle verwendet als Mittel zur fiktiven (angenommen, erdacht) Erhöhung des Persönlichkeitsgefühls gegenüber der Umgebung, das Suchen nach Umwegen und nach einer Distanz zu den Erwartungen der Gemeinschaft, um einer realen Wertung und persönlicher Haftung und Verantwortung zu entgehen – die neurotische Perspektive und die tendenziöse bis zur Verrücktheit gehenden Entwertung der Wirklichkeit – die Ausschaltung fast aller Beziehungsmöglichkeiten und der Kooperation führten mich und viele andere Untersucher zur Aufstellung eines erklärenden Prinzips, das sich im weitesten Umfang für das Verständnis der Neurosen und Psychosen als wertvoll und unerlässlich erwiesen hat."[59]

Die individuellen einmaligen Krankheitsbilder versteht Adler auch als den Ausdruck der schöpferischen Einmaligkeit, der Individualität des Kranken und somit auch die grundsätzliche Unterscheidbarkeit verschiedener Krankheitsbilder und Krankheitsgruppen. Er meint, dass sie verschiedenen Gruppen durch den Intensitäts- und Formenwandel der herrschenden und tonangebenden Idee bei der individuell ausgeprägten Selbstwertproblematik, bei verschieden starken Minderwertigkeits- oder Gemeinschaftsgefühlen gekennzeichnet werden.

Schulman (1980)[60] unterteilt die psychologischen Symptome in vier Hauptkategorien: Symptome, die dem Rückzug aus der sozialen Integration dienen (Absonderung, Apathie, Unkonzentriertheit, autistisches Denken). Symptome, die nachhaltige Forderungen des sozialen Lebens abwehren. Symptome, die die private Logik stärken, um die eigene Position zu sichern, wie Halluzinationen, Wahnvorstellungen und Impulsivität. Symptome, die zur Wiederherstellung einer bedingten sozialen Beziehung führen, einen restitutiven (ersetzenden, zurückerstattenden) Zweck haben, wie bizarre Verhaltensstrategien, zwanghafte und hypochondrische (Einbildung, krank zu sein, Trübsinn, Schwermut) Verhaltensweisen.

Bei dieser Symptomatik lassen sich gute Überlegungen für therapeutische Taktiken erarbeiten.

Wie wir an genannten Beispielen und bei Hans noch sehen werden: Was bei einer Psychose passiert, ist für den Betreffenden eine Tatsache. Und während einer Seelenstörung gibt es absolut keine Krankheitseinsicht. Für den Kranken bedeutet die Psychose auch eine Katastrophe. Die Psychoseangst wird dann sehr bald zur Katastrophenangst. Die momentane Ich-Störung wird so ausgeglichen, dass sich der Kranke die Welt so auslegt, wie der Patient „sie braucht vom Standpunkt eines ausserordentlichen tiefen Unsicherheitsgefühls und dessen Forderungen nach Ausgleich in Form absoluter Sicherheit (Kramer (1847/1973)[61]", um seine vermeintlich bedrohte Selbstachtung zu verteidigen und auch wiederzugewinnen.

Wie ich bereits schon angedeutet habe, bilden Leib und Seele eine Einheit. Es ist unmöglich, eine genaue Grenze zwischen psychischen und physischen Störungen zu ziehen. Psychisches Leiden spiegelt sich im Körper wider und beeinträchtigt mehr oder weniger seine Funktionen. Andererseits können körperliche Krankheiten, die sehr lange andauern sollten, sehr deutliche Spuren im psychischen Befinden einer Person zeigen.

Wenn der Körper und seine Funktion in Mitleidenschaft gezogen sind, spricht man von physischen Störungen. Bei physischen Störungen kann die Wahrnehmung, das Gedächtnis, die Konzentration oder die Orientierung, die Aufmerksamkeit, die Beziehungs- und Erlebnisfähigkeit stark gestört sein.

In der modernen Psychologie gibt es nach der Meinung verschiedener Psychologen und auch Psychiatern keine Neurosen mehr. Neurotische Störungen sollen keine Krankheit mehr sein, sondern reine Persönlichkeits- und Entwicklungsstörungen.

Allerdings sind die Symptomneurosen zu nennen, wie Angstneurosen und Angstzustände und die Zwangsneurosen. Die Konversionsneurosen haben verschiedene Erscheinungsformen, so z. B. Taubheit, Blindheit, Lähmungen und auch Scheinschwangerschaften. Die Konversionsneurose unterscheidet sich von den echten Krankheiten dadurch, dass es überhaupt keine organischen Ursachen dafür gibt. Die Krankheitserscheinungen haben nur einen Symptomcharakter. Der Blinde will vielleicht aus verschiedenen psychischen Gründen gar nicht mehr hinsehen wollen, der Taube will nicht mehr hinhören. Die Konflikte des betreffenden Kranken sind zu groß, als dass er sich damit noch beschäftigen möchte. Dies erklärt aber auch oft die ganz spontane Heilung, zum Teil auch die sogenannte Wunderheilung. Bei den Geheilten har sich dann psychisch etwas gelöst, was verkrampft war. Sei dies nun auf eine spirituelle Tätigkeit oder auch bloßes Zureden zurückzuführen.

Grundsätzlich sind die Charakterneurosen oder besser gesagt die Charakterstörungen nur eine Abweichung vom Normalen. Weiter möchte ich nicht mehr auf die Neurosen eingehen. Wir behandeln ja die Psychosen.

In der Psychose ist das Verhältnis zur Realität gestört oder überhaupt nicht mehr vorhanden. Während der Psychose leben die Patienten in einer ganz anderen Welt. Ein Gesunder kann dieses Stadium größtenteils nicht begreifen und nicht nachvollziehen. Eine Psychose kann man erst dann richtig verstehen lernen, wenn man mit dem Betroffenen durch diese mit ihm – als Begleiter – hindurchgeht. Die Behandlung der exogenen Psychosen ist therapeutisch besser faßbar. Sie entstehen durch Einnehmen von Drogen, Medikamentenmissbrauch, Tumorbildungen im Gehirn, altersbedingte Krankheiten wie Arterienverkalkung, bei Stoffwechselkrankheiten oder bei sehr großem Alkoholmissbrauch.

Bei den exogenen Psychosen handelt es sich um vielerlei Sinnestäuschungen wie z. B. Halluzinationen und Gedächtnisstörungen. Der Kranke kann aber auch bizarre Wahnvorstellungen haben, von denen er sich absolut durch gar nichts abbringen lassen will.

Die endogenen Psychosen lassen sich einteilen in affektive Psychosen und Schizophrenie. Es ist bekannt, dass die allgemeinen

Grundstörungen der Schizophrenie das Denken und das Gefühl der Person als Ganzes betreffen. Oft ist bei den Schizophrenen das Denken nicht als logisch zu verstehen, und sehr eigenartige und seltsame Zusammenhänge werden miteinander verknüpft. Die Sprache ist hin und wieder verworren und ganz neue Begriffe können gebildet werden. Wie wir wissen, glauben die Schizophrenen oft, dass ihnen Gedanken von fremden Mächten, Außerirdischen, Geistern usw. in ihr Hirn eingepflanzt werden. Auch die Gefühlswelt ist für einen Außenstehenden nicht immer nachvollziehbar. Hier beginnt sich bereits die Frage zu stellen: „Was sind wirklich krankhafte Erscheinungen und was wird durch die Nebenwirkungen der verschiedenen Medikamente hervorgerufen?"

Vergegenwärtigen wir uns doch, dass der Schizophrene oft hinter einer Mauer steht, damit er sich von seiner Umwelt abgrenzen kann. Würde er nicht diese Mauer oder meinetwegen eine Glaswand zwischen seiner Umwelt und sich aufbauen, könnte er kaum mehr existieren. Er befindet sich in seinem eigenen Lebensbereich, den er sich zurechtgeschmiedet hat und der für ihn auch stimmt. So können z. B. Hass und Liebe, offenbare Gefühllosigkeit und Gefühlsausbrüche fast parallel in Erscheinung treten.

Oftmals glaubt er auch nicht mehr, in seinem eigenen Körper zu Hause zu sein. Er ist für ihn fremd. Seine Gedanken, Hände und Füße werden angeblich von fremden Mächten geführt und geleitet. Er ist über seinen eigenen Körper machtlos. Dadurch kann er auch glauben, dass er ein anderer Mensch sei oder dass viele Personen gleichzeitig in ihm wohnen würden. Wiederum möchte ich hier ganz bestimmt betonen: Dies hat mit Besessenheit, wie das in sehr religiösen Kreisen ausgelegt werden kann, schon gar nichts zu tun (Beachten Sie den Fall Sonja) Zu meinem großen Bedauern gibt es heute noch Leute, die glauben, dass diese Kranken durch einen Exorzismus geheilt werden könnten. Das heißt, dass man bei diesen seelisch schwer verletzten Menschen böse Geister und Dämonen austreiben müsse.

Exogene Psychosen sind einfacher und besser zu behandeln als endogene Psychosen. Bei den exogenen Psychosen kann man sich mit organischen Schädigungen auseinandersetzen. Bei den endogenen Psychosen weiß man leider heute noch nicht genau, welches die wirklichen Ursachen sind, die einen Schub verursachen. Es wird im Allgemeinen angenommen, dass anlagebedingte Faktoren mit einer krankmachenden Familienatmosphäre zusammenhängen könnten. Ich persönlich möchte nicht nur die Familienatmosphären verantwortlich machen, sondern das ganze Umfeld des Betroffenen. Eines ist ganz sicher: Die, die eine endogene Psychose durchschreiten, deren Seele ist ganz schwer verletzt worden.

Zusammenfassung:
- Eine Psychose ist eine tiefgreifende seelische Störung.
- Eine Ich-Schwäche, Beziehungsstörung, Realitätsverlust und ein Persönlichkeitsabbau.
- Die Schweregrade der Psychosen sind verschieden.
- Weder die momentane Einsicht noch die Fähigkeiten entsprechen den üblichen Lebensgewohnheiten.
- Sie ist ein Riss zwischen dem Ich und der Außenwelt.
- Sie verleugnet die Realität und ersetzt sie einfach.
- Es ist eine Suche nach Umwegen und Distanz zu den Erwartungen der Gemeinschaft.
- Was geschieht, ist eine Tatsache, und während der Psychose gibt es keine Krankheitseinsicht.
- Wir unterscheiden exogene und endogene Psychosen.
- Das Denken und das Gefühl der Person wird als Ganzes betroffen und ist für Außenstehende kaum nachvollziehbar.
- Sein Körper ist für den Betroffenen fremd. Er ist nicht mehr sein Zuhause.
- Psychose hat mit Besessenheit nichts zu tun.
- Exogene Psychosen sind leichter zu behandeln als endogene Psychosen.

Aus dieser Zusammenfassung kann gut ersehen werden, wie facettenreich eine Psychose sein kann und wie seelisch schmerzhaft das Durchwandern in einer solchen Zeitspanne ist. Besonders, da eine Psychose für Angehörige, Betreuer, medizinisches Hilfspersonal und auch oft Ärzte nicht nachvollziehbar ist. Für die meisten Menschen ist dieser Zustand furchterregend und kaum erträgbar.

In den Kliniken werden diese Störungen mit Einbezug aller erdenklichen Nebenwirkungen wie Gewichtszunahme, Agranulozytose, Sedierung, Krampfanfälle, anticholinerge Effekte mit Neuroleptika wie Haldol, Dapotum, Fluanxol, Decentan, Neurocil und einigen sogenannten „atypischen" Neuroleptika wie Leponex, Risperdal, Seroquel, Zyprexa, Serdolect behandelt. Wohl kann die Psychose für den Leidenden etwas abgeschwächt werden. Man hat das Symptom bekämpft, aber der Grund, die Ursache dieses seelischen „Feuerwerks" ist leider nicht behoben.

Obwohl zum Beispiel die Schizophrenie nur ein wissenschaftliches Konstrukt ist und man genau weiß, dass die Krankheit aus einer Vielzahl von Faktoren besteht, betrachtet man in der Behandlung eigentlich nur das Gehirn, welches Störungen des Gehirnstoffwechsels aufzeigt und mit der Reizflut von außen nicht mehr klarkommt. Mit der Einnahme der Medikamente soll der Patient auf chemischer Grundlage eigentlich nur „eine dicke Haut" bekommen.

Was heißt eine dicke Haut bekommen? Abstumpfung, als Toter wandeln unter Lebenden, ohne Gefühle und Liebe leben. Eine schreckliche Aussicht!

Wahrscheinlich hat sich im Laufe der Zeit in der Psychiatrie noch einiges zum Guten geändert. Es gibt modernere Kliniken mit geringerer Bettenzahl und besseren Aufenthaltsräumen. Man errichtete Tagesstätten und verschiedene Wohnmöglichkeiten. Es werden sicher Medikamente abgebaut, aber sobald wieder ein Rückfall zu verzeichnen ist, wird die „Haut noch dicker" gemacht in Form von Neuroleptika. Wenn ein Erkrankter in einer offenen Institution nicht mehr tragbar wird, weil einfach zu wenige Fachkräfte vorhanden sind, wird er wieder auf die geschlossene Abteilung eingewiesen. Dies geschieht dann noch meistens gegen seinen Willen. Mit jeder Einweisung oder mit dem Verbleiben in einer psychiatrischen Klinik wird der betreffende Mensch noch mehr stigmatisiert und kann seine Krankheit kaum mehr los werden.

Die Öffentlichkeit macht einen weiten Bogen um Personen, die einmal in einer Klinik waren oder noch sind. Seelische Verletzbarkeit verbreitet Schrecken, und vielleicht sind wir sogar die Schuldigen, die die betreffende Person verletzlich gemacht haben.

In vielen Psychotrillern wird im Kino und im Fernsegen gezeigt, zu welchen Schreckenstaten Menschen fähig sind. Vor psychisch verletzten Menschen müssen wir keine Angst haben, denn sie begehen auch keine Schreckenstaten wie sogenannte normale Menschen.

Über die Hilfe, die man diesen Menschen geben muss, habe ich schon genug auf den vorhergehenden Seiten gepredigt.

Hans und seine Mutter

Gehen wir mit Hans noch mal durch eine Psychose. Wir sitzen gemütlich in meinem Sprechzimmer. An der Wand hängt ein Monatskalender, auf dem ein Wasserfall mit einem anschließenden See zu sehen ist. Hans wird nun plötzlich unruhig und kann auf seinem Stuhl kaum mehr ruhig sitzen. Man könnte glauben, er hätte den Hosenboden voller Ameisen. Seine Unruhe wächst, für mich im Moment unerklärlich. Er greift sich an den Hals und ruft: „Ich bekomme keine Luft mehr. Ich bekomme keine Luft mehr."

„Hans, was ist los, was beunruhigt Sie so?"

„Dort in diesem See ist meine Mutter ertrunken. Sie ruft mich. Sie ruft mich, ich solle auch kommen. Sie ruft, hören Sie dieses Schreien denn nicht?"

Sofort nehme ich den Kalender von der Wand und lege ihn umgekehrt auf meinen Stuhl, der hinter dem Pult steht. Hans atmet unruhig und schwer.

Als Hans rief: „Sie ruft mich, ich soll zu ihr kommen", wurde es mir etwas mulmig in der Magengegend, denn vor unserem Haus lag ja gerade der schöne Zürichsee.

„Hören Sie jetzt die Stimme wieder? Ich soll auch in den See kommen, denn meine Mutter ist dort."

Jetzt will Hans zur Tür stürmen. Ich stelle mich vor die Tür und halte ihn fest, sodass er das Zimmer nicht verlassen konnte.

„Lassen Sie mich hinaus!", schreit er. „Hören Sie die Stimme nicht? Dort kommt die Stimme aus dem Stuhl. Meine Mutter ruft mich. Warum lassen Sie mich nicht gehen? Ich ertrage dieses Rufen nicht mehr."

Ich versuchte Hans zu beruhigen. Mit beiden Händen verschließt er seine Ohren. Er schaut mich böse an. Sein ganzer Körper ist voller Spannung. Plötzlich prasseln seine Fäuste auf mich nieder, indem er wieder schreit: „Lass mich endlich gehen! Ich muss in den See! Meine Mutter ruft!" Ich halte seine Hände.

Der ganze Körper verkrampft sich wieder. Ich versuche Hans zu umarmen und ihn zu beruhigen, indem ich ihm sage, dass dieser Spuk vorübergeht.

„Welcher Spuk? Das ist gar kein Spuk! Meine Mutter ruft. Warum wollen Sie, dass ich nicht hinhöre? Sie glauben wohl, ich sei verrückt. Es tönt so fürchterlich." Er löste sich von mir. Besser gesagt, er reißt sich los und stürmt zum Stuhl, wo der Kalender lag. Er nimmt diesen und zerreißt ihn in kleine Stücke und schmeißt den größten Teil der Fetzen in den Papierkorb, der gerade neben dem Stuhl stand. Hans erregt sich immer mehr. Er schreit: „Lass mich gehen! Jetzt schreit meine Mutter aus dem Papierkorb. Gib doch endlich zu, dass du es auch hörst!" Hans beginnt stark zu schwitzen. Ich eigentlich nicht weniger. Der Schweiß rinnt ihm nur so über die Stirn.

Jetzt wäre ich eigentlich froh, wenn sich ein weiterer Betreuer melden würde. Eine momentane Hilfe würde mir gut tun. Wenn ich selber nur einen Augenblick verschnaufen könnte. Ich weiß nun wirklich nicht, ob Hans meinen Wunsch in meinem Gesicht ablesen konnte oder nicht. Denn plötzlich meinte er: „Bleiben Sie bei mir, ich habe Angst, sperren Sie mich nicht ein. Ich will jetzt mit meiner Mutter nicht allein sein. Ich habe eine entsetzliche Angst."

Er hatte mein Problem gelöst. Ich wusste, dass ich mich jetzt nicht ablösen lassen konnte, da ich seine Angst und Unsicherheit und Unruhe nicht noch steigern wollte. Allerdings wusste ich auch, dass die Psychose noch nicht ausgestanden war.

„Möchten Sie jetzt eine Tablette, die Sie ein wenig entspannt?", war meine Frage.

„Nein, bleiben Sie da, verlassen Sie mich nicht!" Er hielt mich mit beiden Händen an der Hand. Was war denn eigentlich geschehen im Leben von Hans, dass er jetzt glaubte, seine Mutter rufe ihn und er solle auch in den See kommen?

Als Hans 14 Jahre alt war, merkte er, dass sich seine Mutter immer mehr im Zimmer einschloss. Hans fragte sie oft, warum sie sich immer zurückziehe? Die Antwort war nach Aussagen von Hans immer die Gleiche: „Ich mag nicht mehr. Ich will nicht mehr. Das Leben hat keinen Sinn." Hans hing an seiner Mutter und liebte sie sehr. Immer wieder bat er die Mutter: „Bitte geh nicht weg! Vater, Judith und ich brauchen dich doch. Ich habe dich doch lieb. Bitte bleib bei uns. Ich weiß nicht, was wir ohne dich tun. Ich will dich bei mir haben."

Hans hängte sich an den Schürzenzipfel seiner Mutter, wo er nur konnte. Er tat ihr alles zuliebe, damit die Mutter Freude hatte, wie er meinte. Nach der Schule rannte er immer schnell nach Hause, um zu schauen, ob seine Mutter noch da war. Er vernachlässigte auch seine Schul- und Spielkameraden. Er ging auch nicht mehr zu den Pfadfindern. Er blieb immer zu Hause bei seiner Mutter, weil er wusste, dass sie seelisch oft sehr litt, sich verschloss, und wenn es ihr schlecht ging, kein Essen zubereitete und sich nicht einmal anzog, sondern mit ihren Depressionen einfach im Bett blieb. In diesen Momenten sprang immer Hans ein und machte die Küchen- und Haushaltsarbeiten, so gut er es nur konnte, denn er wollte ja seiner Mutter Freude machen. Wenn es seiner Mutter besser ging, begleitete er sie immer, wenn es ihm die Zeit erlaubte. Ja, er schwänzte sogar die Schule, wenn es nötig war, um seiner Mutter beizustehen. Judith war eher mit dem Vater verbunden, die aber beide ihrer Arbeit nachgehen mussten. Judith half Hans nur, wenn der Vater da war. Sonst ließ sie ihn sehr gerne allein alle Hausarbeiten verrichten. Oft soll Judith vor den moralischen Stimmungen der Mutter auch Angst gehabt haben.

Die Schulreise von Hans rückte näher. Zu Hause sagte er: „Ich gehe nicht auf die Schulreise, ich bleibe zu Hause bei meiner Mutter." Die Eltern aber verlangten von ihm, dass er auf die Reise gehen müsse und er nicht immer nur daheim bleiben könne und sich von allem fernhalten dürfe. Er würde so ein Einzelgänger und hätte auch nie Freunde.

Mit großem Widerwillen ging Hans an den Ausflug. Schon im Zug fragte er den Lehrer, ob er nicht zu Hause anrufen könne? Er möchte gerne wissen, wie es seiner Mutter gehe. Leider gab es aber auf der ganzen Reise ein Telefonverbot und er hatte keine Gelegenheit, mit seiner Mutter zu telefonieren. Es war sehr unruhig und beteiligte sich auch nicht an den Spielen und Freuden seiner Kollegen. Dass er sich merklich von allen zurückzog, fiel auch seinem Lehrer auf, der ihn nach seiner schlechten Laune fragte. Hans soll ihm zur Antwort gegeben haben: „Ich habe keine schlechte Laune, ich habe Angst um meine Mutter, weil ich hier bin und Vater und Judith bei der Arbeit sind." Er hörte auch seine Schulkameraden tuscheln: „Hans ist ein komischer Kerl, der spielt nie mit uns." Seine Gedanken waren nun einfach bei seiner Mutter. Die Reise empfand er als eine bedrückende Belastung, wie gerne wäre er jetzt doch bei seiner Mutter gesessen. Als der Zug an seinem Wohnort am Abend ankam, verabschiedete er sich nicht von seinen Lehrern und Kameraden, sondern spurtete sogleich nach Hause.

Zu Haus angekommen, waren Vater und Judith daheim, aber die Mutter fehlte. „Wo ist Mutter?"

„Wir wissen es nicht. Als wir nach Hause kamen, war Mutter nicht da." Hans raste in die Küche, denn er wusste, dass sie immer am Kühlschrank einen Zettel hinhängte, wenn sie wegging. Am Kühlschrank hing kein Zettel. Jetzt kamen auch der Vater und Judith in die Küche. „Kein Zettel!", rief Hans. Wie ein Adler, der eine Beute sucht, blickte er in der ganzen Küche umher. Dann schoss er zum Küchenbüffet, dort war zwischen dem Brotkasten und der Büffetwand ein Briefumschlag eingeklemmt. Der Vater nahm Hans den Umschlag aus den Händen und öffnete ihn. Nach der Erzählung von Hans wurde der Vater ganz blass und setzte sich auf einen Küchenstuhl und las den Zettel. Hans wollte wissen, was dort stand. „Mutter ist weg", sagte der Vater nur. Hans riss dem Vater den Brief aus den Händen und las: „Ich kann nicht mehr. Seid mir nicht böse. Ich bin im See."

Diese Nachricht verkraftete Hans nicht mehr. Der Vater erzählte, dass Hans ganz apathisch in einer Ecke gesessen und sich nicht mehr gerührt habe. Er hätte ständig auf die Küchenschürze der

Mutter geschaut, die an der Küchentür hing. Dann soll er geschrien haben: „Ich habe es ja gewusst, warum habt ihr mich auf die Reise geschickt? Mutter wäre noch da, wenn ich hier geblieben wäre."

Die Schuldgefühle, die Hans unberechtigterweise hatte, konnte er nicht mehr verkraften und auch nicht aushalten. Eine unendliche Trauer und ein ganz großes Schuldgefühl nahm von ihm Besitz.

Diese Geschichte erzählte mir Hans, als ich sein Vertrauen hatte und er schon einige Zeit bei uns war. Sein Vater bestätigte auch, was an diesem Abend alles geschehen ist, als Hans von der Schulreise heimkam. Der Schock war für alle Familienmitglieder sehr groß. Jeder von ihnen reagierte auf seine Weise und ganz anders. Jeder musste diese schlimme Nachricht ganz persönlich verarbeiten können. Hans konnte es nicht, denn es ist, als hätte er das Drama geahnt oder gar gespürt. Seine Schuldgefühle ließen ihn nicht mehr los, denn seine Mutter war für ihn alles.

Nachdem er das erzählt hatte, fügte er bei: „So bin ich in die Klinik gekommen. Wie, weiß ich nicht. Ich weiß nur, dass ich tobte und schrie und einige Stiche bekommen habe und dann allmählich einschlief."

Der Tod seiner Mutter und die Umstände, die dazu führten und an deren Beerdigung er nicht einmal dabei sein konnte, hatten ihm vollkommen den Boden unter den Füßen weggezogen. Seine depressive Verstimmung wurde immer größer. Die Psychose, die Hans durchlebte, hätte eigentlich eine Einweisung in eine Klinik gerechtfertigt. Aber wir wissen ja, was in einer solchen Situation geschieht. Das Denken und das Gefühl werden als Ganzes betroffen und sind für Außenstehende nicht nachvollziehbar. Es entsteht ein Riss zwischen dem Ich und der Außenwelt.

Das Symptom hat einen restitutiven Zweck. Wir haben jetzt eine zwanghafte und hypochondrische Verhaltensweise. Für Hans ist der Ruf der Mutter eine Tatsache. Er hat den Verlust seiner Mutter noch nicht verarbeiten können. Wohl konnten vorerst Medikamente seinen Schmerz etwas lindern, zum Teil für kurze Zeit zum Verschwinden bringen. Aber seelisch verarbeitet war der Tod der Mutter nicht.

Die Psychose von Hans entwickelte sich weiter, und ich war froh, dass sich ein weiterer Betreuer in meinem Büro meldete, als er den Lärm und das Schreien hörte.

Hans war ganz verschwitzt: „Meine Mutter zieht mich ins Wasser!", schrie er. Sein Klammern wurde noch stärker. „Halt mich fest, halt mich fest! Ich will nicht ersaufen! Ich will nicht sterben!" Er reißt sich plötzlich das Hemd vom Leib. Er glaubt, es sei nass vom Wasser, in welches er von seiner Mutter gezogen würde. Allein, der Weg durch die Hölle, durch die er jetzt ging, brachte ihn dermaßen zum Schwitzen. Auch ich war nass und froh, dass ich von meinem Kollegen, der jetzt auch im Zimmer war, ein Handtuch zum Abtrocknen bekam.

Dieser Kampf dauerte ca. 8 Stunden – bis Hans derart ermüdet war, dass er aus körperlicher Erschöpfung einschlief. Wir trugen ihn in sein Bett. Nun wurden wir von zwei weiteren Betreuern abgelöst, die die Nacht vorsichtshalber in seinem Zimmer verbrachten.

Ruhiger wurde Hans erst, als er merkte, dass wir ihn nicht verließen und jegliche Drohung mit Medikamenten und Klinikeinweisung ausblieb. Beim Einschlafen klammerte er sich aber derart an uns fest, dass wir ihn beinahe nicht von uns loslösen konnten. Erst als er vor Übermüdung fest schlief, konnten wir ihn ins Bett tragen. Allerdings mussten wir ihn mit den Kleidern ins Bett legen. Über mehr als 24 Stunden benötigte Hans vier Betreuer, die sich um ihn kümmerten.

Hans war über Stunden völlig desorientiert und verwirrt. Er befand sich in einer imaginären Welt, die er sich durch sein Erlebnis selber in seinem Kopf erschaffen hatte. Das Erlebnis war für ihn vollkommen logisch. Alles, was wir ihm in der Zeit der Psychose sagten, wurde uminterpretiert und passte gar nicht mehr in seine psychotische Welt.

Für Außenstehende oder gar für die eigenen Angehörigen wirkt die psychotische Person als entgleist. Wenn nun die erkrankte Person allein gelassen wird in irgendeiner Isolation, werden die Mauern, die er um sich baut, immer dicker und fester, sodass ein Zugang zu ihm immer schwieriger wird. Es ist auch nicht möglich, dass ein Psychotiker aus seiner momentanen Welt, in der er sein Erleben hat, herauszuholen oder ihm die Wirklichkeit aufgeschwatzt werden kann. Er würde das nie verstehen. Der Kranke ist während der Psychose in einer imaginären Welt, wie ich das schon wiederholt angemerkt habe, aber der Betroffene kann auch während der Psychose absolut nüchtern denken.

Ais diesem Grunde ist es dennoch sehr wichtig, dass dem Leidenden eine ihm nahestehende Person, zu der er während des Wachzustandes eine gute Beziehung hat, immer wieder erklärt, was im Moment seiner Qualen passiert. Er wird beim Aufwachen aus der Seelenstörung dann die Realität anders sehen. Die nächste Psychose, die eventuell folgen kann, wird für ihn leichter und nicht mehr so qualvoll sein.

Eine Person, die in eine Psychose gerät, sollte man nie verlassen oder während dieser Zeit in eine Klinik einweisen, denn die Panik, in der sie steckt, wird dadurch nur noch unheilvoller, bedrohlicher und nur schwer korrigierbar. Akut psychotische Menschen werden in der Regel von Fremdpersonen sehr rücksichtslos behandelt. Es folgt eine Fixierung, Isolierung und eine übermäßige medikamentöse Behandlung, denn man will den Kranken ja ruhig stellen und ihm auch helfen, damit er nicht mehr unberechenbar handeln kann.

Alle Patienten, mit denen ich im Gespräch war und mit denen ich eine solche Einweisung erlebt hatte, bestätigten mir immer wieder, dass sie alle Geschehnisse trotz ihres psychotischen Zustandes miterlebten und dass sie das Vertrauen zu den Ärzten, Pflegerinnen und Pflegern verloren hätten. Besonders schlimm war eine Einweisung mit der Polizei, was ja zu ihrem Schutz und zum Schutz anderer Personen geschehen musste. Die Panik und ein eventuell erneutes psychotisches Ereignis sei durch das Erlebte bereits vorprogrammiert gewesen. Sie bestätigten mir auch, dass die Einweisung in ihrem Zustand dermaßen entwürdigend war, dass sie lieber sterben würden, als noch einmal so etwas erleben zu müssen.

Hier möchte ich doch auf das Gespaltensein in eine reale und irreale Welt hinweisen.

Am nächsten Morgen führte mich mein Weg zuerst ins Zimmer von Hans. Der eine der Betreuer war im Esszimmer und holte für sich und seinen Kollegen eine Tasse Kaffee. Der andere Betreuer war im Zimmer von Hans und schrieb seinen Nachtrapport. Hans lag noch schlummernd in seinem Bett. Gleich beim Eintritt ins Zimmer bekam ich vom zweiten Betreuer zu hören: „Die Nacht war relativ ruhig. Hans hat sich oft stöhnend in seinem Bett herumgewälzt. Einmal flog sein Kissen weit weg. Bei voller geistiger Klarheit war er nicht. Alles geschah in einem Dämmerzustand. Er murmelte einige Male ganz unverständliche Sätze vor sich hin, aber das Wort Mutter wurde immer wieder gebraucht. Er bekam keine Medikamente. Hans scheint aber vom gestrigen Tag sehr mitgenommen zu sein." In der Zwischenzeit kam der andere Betreuer mit dem Kaffee. „Danke, den kann ich jetzt nach dieser Nacht gut vertragen." Und schon kam auch die Ablösung für die beiden „Nachtwächter". „So, ihr dürft nun schlafen gehen", meinte spitzbübisch die Schwester, die die beiden ablöste.

Inzwischen erwachte Hans und fragte ganz erstaunt: „Wo bin ich?" Dann schaute er in die Runde und meinte: „Aha, die kenne ich ja alle. Ich bin ja nicht ertrunken, oder?" „Nein, du bist nicht ertrunken. Du bist bei uns und das freut uns alle", sagte sogleich einer, der Nachtwache hielt.

„Ja, aber gestern glaubte ich zu ertrinken. Und dieser Stimme, diese Stimme, war ich froh, dass ich nicht allein war. Wenn ich die wieder höre, dann ist doch wieder jemand da? Oder schickt ihr mich wieder in die Klinik? Diese Stimme bringt mich noch um!"

Wieder reale und irreale Welt.

„Sicher gehen Sie nicht in die Klinik. Und diese Stimme wird immer leiser werden und dann ganz verschwinden. Wir müssen aber leider noch einige Male über den Tod Ihrer Mutter sprechen. Wenn Sie das Vorgehen Ihrer Mutter begriffen und wenn Sie ihr vergeben und verstanden haben, dass sie Sie verlassen hat, dann wird diese Stimme schweigen."

„Ich bin doch verrückt und spinne", meinte Hans.

„Nein, der Verlust deiner Mutter hat dich sehr getroffen, viel schwerer als deinen Vater und Judith, und dann hast du noch unbegründete Schuldgefühle. Den Tod deiner lieben Mutter und deine Schuldgefühle müssen wir in Gesprächen noch aufarbeiten. Und du wirst sehen, dass du diese Situationen von gestern vermutlich nicht mehr erleben musst."

„Ich bin einfach froh, dass ihr alle bei mir geblieben seid."

Wir sind froh, dass es dir besser geht. Du kannst jetzt baden und frische Kleider anziehen und im Verlaufe des Tages kommst du zu mir, wenn es dir möglich ist und wenn du magst. Dann können wir auch weiter miteinander reden."

Damit verließen die beiden Betreuer und ich sein Zimmer. Die Schwester kümmerte sich nun um Hans. Die beiden „Nachtwächter" gingen nach Hause, um sich auszuruhen und zu erholen.

Beim Hinausgehen rief mir Hans noch nach, ob er nicht noch eine Tablette haben könnte, damit die Stimme nicht mehr kommen würden.

„Haben Sie noch Angst?", fragte ich.

„Ja."

„Gut, ich bringe Ihnen noch eine Tablette, die Ihnen ganz sicher hilft."

Ich wusste, dass ich jetzt wieder ein Wagnis eingehen würde, welches aber schon einmal Erfolg hatte in einer ähnlichen Situation. Es war mir klar, dass ich jetzt Hans bewusst anlog. Aber ich war auch bereit, ihn zur gegebenen Zeit über das Medikament, welches er jetzt bekam, ehrlich aufzuklären. Ich brachte Hans ein Placebo (eine Tablette ohne Wirkung).

Dafür, dass Hans in diese Psychose geraten ist, sind nicht nur die Umwelteinflüsse verantwortlich, sondern auch die biologische Veranlagung. Zu den Umwelteinflüssen gehören seine kindlichen Minderwertigkeitsgefühle gegenüber den Forderungen einer gesellschaftlichen Integration. Hans hatte sich aus der Klassengemeinschaft wegen seiner Mutter ausgeschlossen. Der Rückzug aus der sozialen Integration bringt die Absonderung. Durch den Rückzug kann man die sozialen Forderungen, die das Leben stellt, abwehren. Es sind aber auch anlagebedingte Faktoren einer krankmachenden Familienatmosphäre zu beachten, die diese Psychose auslösten.

Für den Arzt mag möglicherweise die ganze Sache etwas anders aussehen. Er sieht die Stoffwechselstörung im Gehirn, die den Denkprozess beeinflusst, und somit treten Denkstörungen auf, die das Benehmen des Individuums psychotisch erscheinen lässt. Die Stoffwechselstörung oder auch das gereizte Gehirn wird durch Stresssituationen ausgelöst, die wiederum mit verschiedenen Psychopharmaka beruhigt werden können.

Der Psychotiker mag das aber etwas anders sehen. Die Schwierigkeiten, die in der Psychose auftreten, haben immer etwas mit Erlebtem, mit Erinnerungen zu tun. Und je stärker und je länger der psychotische Zustand anhält, umso mehr wird zu den Erinnerungen hinzuphantasiert, sodass der Bezug zur Realität vorübergehend ganz verlorengeht. In der Psychose kommen alle wichtigen Erlebnisse und Situationen, in denen etwas sehr Schmerzhaftes und Einprägsames erlebt wurde, wieder in verstärktem Maße an die Oberfläche. Man könnte auch sagen, dass jetzt das Unbewusste alle Tore weit aufschließt und alles ins Bewusstsein einfließen lässt. Während der Psychose werden auch längst vergessene Ereignisse wieder lebendig, und dies in potenzierter Form. Alles, was passiert in Gedanken, überträgt sich nun auf den Körper. Hans bekam Angst vor dem Ertrinken, also begann er entsetzlich zu schwitzen, wurde nass und bekam auch kaum mehr Luft zum Atmen.

Die Psychose ist mehr als nur eine Stoffwechselstörung. Jetzt hat die Seele ein ganz bedeutendes Problem. Probleme, die unterdrückt wurden, die der Patient nie hoch kommen ließ, zeigen sich in aller Größe und Stärke dem Leidenden. Die Psychose ist ein großer Schmerz der Seele. Es sind auch viele Ungerechtigkeiten, möglicherweise auch nur eingebildete Ungerechtigkeiten, die die Seele dann in einen solchen Gewittersturm führen.

Kennt man nun alle diese Umwelteinflüsse und die biologischen Voraussetzungen, kann therapeutisch eine solche Krankheit angegangen werden, und wenn man den Patienten über längere Zeit beobachten darf, erkennt man das Kommen einer Psychose oder zumindest ihre Vorzeichen. Dem Kranken kann dann frühzeitig Angst und Stress abgenommen werden und man kann ihm das Wissen vermitteln, dass er auf keinen Fall in seiner schweren Not allein gelassen wird. Nur schon dieses Wissen beruhigt den Betroffenen ganz wesentlich. Wer die Vorzeichen einer Psychose erkennen kann, der hat die Möglichkeit, diese eventuell zu unterbinden, indem wir dem Klienten beistehen und ihn unterstützen. Dies ist aber erst möglich, wenn ich mit dem Kranken einige Zeit zusammenlebe, wenn er für mich kein verrückter Mensch, sondern meiner Person gleichgestellt ist. In diese Situation will ich ja nicht noch eine abstruser denkende Person neben mir haben, der man durch Medikamente die Sicht noch mehr trübt.

Hans meldet sich an diesem Tage nicht mehr bei mir. Durch die Krankenschwester hörte ich aber, dass es ihm besser gehe und er keine Stimmen mehr höre, aber dass er noch sehr müde und abgekämpft sei. Auf alle Fälle wurde für die Nacht wieder ein

Betreuer bestimmt, der ihn regelmäßig während der Nacht überwachen musste. Hätte es einen Rückfall gegeben, dann hätten wir wieder weitere Betreuungspersonen bestimmen müssen.

Am andern Morgen war im Betreuungsrapport zu lesen: „Hans verbrachte eine ruhige Nacht. Um 03.00 stand er auf, um Wasser zu lösen. Wir hatten ein kurzes Gespräch. Hans fragte, ob er wohl einmal in Begleitung eines Betreuers an den See gehen dürfe? Allein habe er Angst, er könnte etwas Dummes machen. Den Besuch habe ich ihm bewilligt (mit ich ist die Nachtwache gemeint) in Anwesenheit von zwei Begleitern. Danke, war die Antwort, und er verschwand unter der Bettdecke."

Therapie

Bald nachdem ich den Morgenrapport gelesen hatte, klopfte es an meiner Tür und Hans meldete sich. Ich war gerade frei und froh, dass er von sich aus zum Gespräch kommen wollte. „Guten Morgen, wie geht es heute?"

„Gut, gestern war ich einfach schlapp und wollte noch nicht über mein verrücktes Benehmen sprechen. Aber nach Einnahme der Tablette (Placebo) hatte ich auch keine Stimmen mehr. Die Stimme meiner Mutter ist nicht mehr gekommen."

„Das freut mich sehr. Hans, du hast deine Mutter sehr geliebt. Kannst du oder möchtest du noch nicht darüber sprechen?"

„Oh doch, doch. Ich glaube ich bin seelisch von meiner Mutter her auch belastet. Ihre schweren Depressionen und dann wieder ihr plötzliches Fröhlich- und Lustigsein hat sicher auch auf mich einen Einfluss. Aber sie war schon eine sehr liebe Mutter, die ich schwer vermisse. Besonders wenn es ihr gut ging, dann konnte man mit ihr Pferde stehlen und dann war sie immer für uns da. Wenn es ihr schlecht ging, dann schickte sie mich immer aus ihrem Zimmer, dann wollte sie niemanden sehen und hören. Sie sagte dann immer, mich schmerzen die Ohren und der ganze Kopf, wenn ihr mit mir redet. Sie war aber nie böse. Sie sagte es immer lieb und nett. Das vermisse ich jetzt. Wenn sie es wollte, dann zogen wir uns alle zurück und waren schon sehr traurig. Ich ging dann nur noch weg, wenn ich in die Schule oder einkaufen gehen musste. Sonst blieb ich lieber in ihrer Nähe."

„Hat sie dann einmal erwähnt, dass sie sterben möchte?"

„Ja, das hat sie. Wenn es ihr schlecht ging und sie große Schmerzen hatte, sagte sie oft: So kann ich nicht mehr weiterleben. Ich bin nur noch eine Last für euch. Da hatte ich schon Angst, dass einmal etwas geschehen könnte, wenn niemand zu Hause war. Vater musste immer arbeiten und Judith auch, aber sie war auch viel bei ihrer Freundin, besonders dann, wenn es

Mutter schlecht ging. Ich könnte mir nie verzeihen, wenn ich an Mutters Tod schuldig wäre. Ich kann mir auch nicht verzeihen, dass ich auf die Schulreise ging."

„Aus diesem Grund bist du nie mehr zu deinen Kameraden gegangen. Nach der Schule bist du ja gleich nach Hause gerannt, habe ich mir sagen lassen."

„Ja."

„War die Mutter so wichtig für dich?"

Meine Mutter war eine herzensgute Frau. Sie liebte unseren Vater, Judith und mich. Sie war einfach immer da für uns. Auch als es ihr schlecht ging, war sie nie böse mit uns oder war unzufrieden. Sie war einfach sehr müde und zog sich dann zurück. Wenn wir ins Zimmer schauten, um zu sehen, wie es ihr geht, war sie immer ruhig und sagte: Kinder, ich muss nur meine Ruhe haben. Manchmal stellte sie sich auch schlafend, nur damit sie nichts sagen musste."

In der Zwischenzeit hatte ich mir wieder einen jener Kalender besorgt, der von Hans zerrissen wurde, und hängte ihn wieder an die Wand. Seine Reaktion war mir wichtig.

„Haben Sie wieder einen neuen Kalender gekauft, den ich zerrissen habe?", fragte er.

„Ja, den kaufte ich wieder."

Er schaute ihn lange an und atmete schwer, aber er blieb ruhig. „Wie so ein Bild alles wieder hochkommen lassen kann. Das ist eigentlich schon recht komisch. Jetzt weckt es in mir gerade keine Unruhe. Ich möchte gerne einmal an den See gehen. Man hat es mir erlaubt, wenn zwei Betreuer mich begleiten. Darf ich?"

„Versprochen ist versprochen, natürlich darfst du. Aber heute ist es vielleicht noch etwas zu früh."

„Haben Sie den Kalender wieder aufgehängt, damit ich mich daran gewöhne?"

„Ja, auch, aber du musst ja nur zum Fenster hinausschauen, dann siehst du den See in natura vor dir. Bekommst du dann Angst?"

„Hin und wieder starkes Herzklopfen, besonders dann, wenn ich an meine Mutter denke. Wenn ich daran denke, wie sie untergegangen sein muss. Und wenn ich dann noch eine Hand aus dem Wasser strecken sehe, wenn es mir nicht gut geht, dann merke ich, wie der physische Stress mich packt, als ob mich wirklich Hände ins Wasser ziehen wollten. Wenn es dann in meinem Kopf weiter zu rasen beginnt und ich in Engegefühle komme und zu schwitzen beginne und dann erst noch meine Mutter ruft, dann weiß ich, dass ich mich gegen all den Horror nicht mehr wehren kann. Ich würde auch springen in dieser Verfassung. Ich bin dann nicht mehr ich. Ich weiß überhaupt nicht mehr, wer ich bin und was ich bin. Wenn es mir psychisch gut geht, dann habe ich Angst vor dem Sterben und Angst vor dem Ertrinken. Sie zwingen mich sicher nicht, dass ich schwimmen gehen muss?"

Hans erzählte alles sehr ruhig. Seine Hände zeigten ein leichtes Zittern und sein Kopf wurde beim Erzählen etwas roter. Jetzt wurde es sehr still. Ich merkte, dass seine Gedanken jetzt bei seiner Mutter waren. Ich ließ ihn in seiner Gedankenwelt verweilen, denn ich spürte, dass das Gespräch noch nicht zu Ende war. Nach einiger Zeit schaute er mich an und fragte: „Stimmt es, dass Selbstmörder nicht in den Himmel kommen?"

„Das glaube ich nun nicht, Hans. Die Last, die deine Mutter zu tragen hatte, war schwer. Dass deine Mutter seelisch gelitten hatte, da kann dein Vater, Judith und du nichts dafür. Es war einfach der Wunsch deiner Mutter, nach Hause zu gehen."

„Was heißt das, nach Hause zu gehen?"

„Sterben ist ein Neubeginn in einer anderen Welt."

„Dann ist sie gar nicht tot?"

„Nein, lieber Hans. Für meinen Begriff und meinen Glauben ist die Seele deiner Mutter nicht tot. Die Seele deiner Mutter lebt."

„Das kann ich jetzt gar nicht begreifen."

„Der Tod und was danach ist, das kann niemand recht begreifen und auch niemand genau wissen. Aber ich denke, dass nach dem Ableben des Körpers die Seele weiterlebt, das ist mein persönlicher Glaube."

Wieder wurde es im Zimmer sehr still. Man hörte fast, wie sein Hirn arbeitete.

„Dann wäre es ja gar nicht schlimm, wenn ich jetzt auch zu meiner Mutter gehen würde", platzte Hans heraus.

„Bist du, dein Vater und deine Schwester nicht traurig, dass euch eure Mutter verlassen hat?"

„Ja, und wie!"

„Also möchtest du deinen Vater und deine Schwester noch trauriger machen, als sie schon sind? Denkst du nicht an den Schmerz der anderen, denselben Schmerz wie du ihn hast und der dich fast umbringt, wenn er so stark wird, wie du es erlebt hast?"

„Ja, da haben Sie schon recht. Ich war schon lange bei Ihnen, kann ich jetzt in die Gruppe gehen?"

„Gut, ich wünsche dir noch einen schönen Tag, Hans."

„Danke", und verschwunden war er. Nach einiger Zeit erkundigte ich mich in der Gruppe, ob Hans dort angekommen sei. Dies wurde bestätigt. „Er scheint noch etwas nachdenklich zu sein, aber er ist sehr entspannt."

Am gleichen Tag ging er mit zwei Betreuern, die gute Schwimmer waren, an den See. Sie erzählten, dass er auf dem Dampfschiffsteg gesessen sei und auf den See hinausschaute. Einer der Betreuer meinte: „So schnell bin ich noch nie neben jemandem gesessen wie auf dem Steg da draußen."

Nach dem Besuch am See kam Hans noch bei mir vorbei und verlangte nach einer Tablette. „Ich bin jetzt schon etwas aufgewühlt und glaube, ich könnte die Stimme wieder hören. Darf ich wieder eine von den weißen Tabletten haben, die sie mir schon einmal gegeben haben?"

Er hatte ja ein Placebo bekommen. „Brauchst du wirklich eine Tablette? Geht es nicht ohne? Du hast ja noch eine kleine Menge Leponex."

„Ja, als ich zu Ihnen kam, hatte ich über 200 mg Leponex, jetzt sind es nur noch 50 mg."

„Gut, du kannst eine haben."

„Ja, sehr gerne. Ich wäre froh, wenn es ohne Leponex ginge, dann müsste ich nicht immer meinen Blutwert bestimmen lassen."

„Sie wissen, dass mich der Arzt ermächtigt hat, die Medikamente abzubauen. Das kann aber nicht von Heute auf Morgen geschehen …"

Dann gab ich ihm eine Placebo-Tablette. Dankend verließ er mein Zimmer.

Es gab über die folgenden zwei Jahre noch viele Gespräche mit Hans. Wir besuchten mit ihm noch einige Male den See. Es gab Zeiten, in denen Hans sehr unruhig war. Es blieb aber immer jemand bei ihm. Wir konnten auch mit ihm sprechen, wenn er unruhig wurde. Es gelang uns nicht immer, seine Psychosen frühzeitig aufzufangen. Aber die schlimmen Zeiten wurden immer kürzer und weniger heftig. Man konnte mit ihm sprechen. In diesen Zeiten hielt er mich oder eine Betreuungsperson immer an der Hand und wiederholte: „Gehen Sie nicht weg. Geben Sie mir wieder eine weiße Tablette." Hans ließen wir in seiner Not nie allein, es waren immer zwei Personen bei ihm.

„Hans, wir verlassen dich nicht und es bleibt auch während der Nacht jemand bei dir, aber wir geben dir nicht mehr Medikamente, weil du diese nicht mehr brauchst. Eine weiße Tablette gibt es, wenn du sie willst."

Nach der Abgabe der Placebos schien er auch immer etwas ruhiger zu werden. Nur schon die Einnahme einer Tablette, von der er glaubte, dass sie helfen würde, beruhigte ihn.

In der Zwischenzeit konnten wir Hans wieder zur Schule schicken. Er hatte zu uns Vertrauen gewonnen und wir vertrauten ihm, was er sehr wohl wusste. Es gab aber auch Tage, an denen er fragte: „Könnte mich jemand begleiten?" Wir stellten ganz bewusst keine Gegenfrage, sondern gaben ihm einfach eine Begleitperson mit auf den Weg. Oft war es meine Frau, die mit ihm ging, da sie auf dem Rückweg noch Einkäufe machen konnte. In der Schule gab es auch den Schwimmunterricht. Wir sprachen mit dem Lehrer über die Schwierigkeiten und baten ihn, dass er ja keinen Zwang auf ihn ausüben solle, wenn er nicht ins Wasser gehen wolle. Der Schwimmunterricht war immer im Hallenbad. Als der erste Tag des Schwimmens da war, fragte Hans, ob er eine Begleitperson haben dürfte. Das war selbstverständlich. Ich hatte noch die Gelegenheit, mit dem Lehrer zu telefonieren, um ihm mitzuteilen, dass Hans von einem Betreuer begleitet würde. Der Begleiter berichtete später, dass sich Hans zögernd umgezogen hätte. Als die ganze Klasse im Schwimmbad versammelt war, hätte der Lehrer befohlen, dass alle Schüler jetzt einmal ganz langsam ins Kinderbecken laufen sollen. Zuerst musste aber geduscht werden. Es ging ein Kichern durch die Klasse, weil alle ins Kinderbecken gehen mussten und dann erst noch ganz langsam absitzen mussten. Jetzt durften sich die Schüler anspritzen, und siehe da, Hans spritze fleißig mit.

Nun befahl der Lehrer: „Wer will, der kann jetzt tauchen, aber nur, wer will." Der Betreuer schaute wie gebannt aufs Wasser. Er sah keine Köpfe mehr, denn auch Hans war getaucht. Langsam tauchte ein Kopf nach dem anderen wieder auf. Nachdem Hans den Kopf wieder über Wasser hatte, grinste er zum Betreuer, und dieser gab ihm mit ausgestrecktem Daumen das Zeichen: „Gut gemacht, bravo." Nachträglich dankten wir dem Lehrer, dass er so sorgfältig vorgegangen war. Und Hans gratulierten wir zu seinem Mut, zu tauchen.

„Jetzt geht es wieder. Die Angst ist weg. Darf ich wieder in die Jugi gehen?"

„Das finden wir sehr gut."

Der Schwimmlehrer, der auch den Jugendturnverein leitete, freute sich sehr, dass Hans am Mittwochabend auch zum Turnen kam. Jetzt integrierte sich Hans wieder sehr gut in die Gemeinschaft und besonders gut in seine Klassengemeinschaft. Seine Fortschritte, die er in der Schule und in seinem Seelenleben machte, waren sehr erfreulich.

Hans war vier Jahre in unserer Großfamilie. Die ersten zwei Jahre brauchte er an vielen Tagen bis zu vier Betreuer. Diesem intensiven Einsatz ist es auch zu verdanken, dass Hans gesundheitlich Fortschritte machen konnte, und dies nur noch mit einem Minimum an Medikamenten. Wir konnten sie ständig und relativ schnell abbauen. Hans wurde aber von uns, wie alle anderen Patienten, rund um die Uhr betreut, wenn es nötig war. In tiefen seelischen Nöten waren unsere Klienten nie allein.

Nun, wer bezahlt dies alles? Hätten wir nicht einige freiwillige Helfer gehabt, die sich auch aus Familienangehörigen rekrutierten, und hätten unsere Mitarbeiter nur nach Dienstplan gearbeitet, wäre dieser große Einsatz, der sich immer wieder gelohnt hat, nie möglich gewesen.

An diese Stelle möchte ich meinen treuen Mitarbeitern, meiner Frau und den freiwilligen Helfern für ihren hohen Einsatz, für ihren unbezahlbaren Einsatz, nochmals ganz herzlich danken.

Ein solcher Einsatz kann nur in einer privaten Institution geleistet werden. In einem Großbetrieb der Klinik ist dies gar nicht möglich.

Als Hans nach Hause ging, konnte er bei einer Großbank seine Ausbildung machen und ist von heute an geschätzter Mitarbeiter dieser Bank.

Irene und die hoch geachteten Männer

Als wir Irene in der Klinik besuchten, weil von dieser ein Übertritt in unser Haus vorgesehen war, lernten wir eine junge, in sich zusammengesunkene, mit ganz dunkeln Augenrändern versehene und in sich zurückgezogene Frau kennen. Sie saß ganz zusammengekauert auf einem Stuhl und betrachtete sehr lange meine Frau und mich genau.

Der Sozialarbeiter der Klinik fragte: „Irene, möchten Sie erzählen oder soll ich beginnen?"

„Obwohl ich müde von den vielen Medikamenten bin, die mich beruhigen sollten und dies doch nicht tun, erzähle ich einmal. Wenn die beiden mich gehört haben, dann wird es sowieso nichts mit einem Wechsel geben."

„Möchten Sie die Klinik überhaupt verlassen?", fragte meine Frau.

„Und ob. Lieber heute als morgen", war die Antwort.

„Wir hören Ihnen gerne zu. Erzählen Sie einfach das, was Sie uns gerne sagen möchten", sagte ich.

„Gut, mit 16 bin ich von zu Hause ausgerissen. Ich wurde von meinem Vater und meinem Onkel sexuell missbraucht."

„Erklären Sie das näher, wie sie missbraucht wurden", ergänzte der anwesende Sozialarbeiter.

„Ich wurde zum Geschlechtsakt mit beiden gezwungen. Ich musste vor beiden oder vor einem masturbieren und dann ihre Glieder streicheln und küssen. Das hat mich mit der Zeit dermaßen geekelt, dass ich das einfach nicht mehr tun wollte. Wenn ich nicht gefügig war, wurde ich einfach geschlagen. Ich bin jetzt 24 Jahre alt, aber mein Körper ist dermaßen ausgebrannt, dass ich nie mehr einen sexuellen Kontakt mit jemandem haben will. Ich schäme mich vor mir selber, dass ich mich je für so etwas hingegeben habe. Ich fühle mich so schmutzig, als ob ich in meinem Leben noch nie gebadet hätte. Als ich von zu Hause weglief, hatte ich weder eine Unterkunft noch hatte ich Geld. Ich kannte einen Künstler, der malte und der töpferte. Bei ihm fand ich Unterschlupf. Dann musste ich, da ich eigentlich einen schönen Körper habe, zum Malen Akt stehen. Dann begann er, meinen Körper zu streicheln und schlussendlich landeten wir wieder im Bett. Ich griff zur Flasche und trank reichlich Wein. Wann ich dann beduselt (betrunken) war, konnte ich das Spiel über mich ergehen lassen. Mit der Zeit reichte das Trinken auch nicht mehr aus, und zum Alkohol kam dann noch Haschisch, Heroin und Kokain. Ich musste dann auch noch den Drogenstrich machen, damit ich zu dem Stoff kam, den ich brauchte. Meine Familie wollte von mir nichts mehr wissen. Meine Eltern sind Italiener und streng katholisch. Ständig musste man noch mit diesen falschen Kerlen von Vater und Onkel in die Kirche springen. Es waren eben hoch angesehene Männer in unserem Dorfe. Mit dem Alkohol, der Droge spürte ich nicht mehr, was mit meinem Körper geschah. Denn ich konnte mich nur hingeben, wenn ich damit vollgepumpt war. Wollen Sie mich noch aufnehmen?"

„Erzählen Sie ruhig weiter. Wir möchten gerne Ihre ganze Geschichte hören", gab ich zur Antwort.

„Da ich meinen Körper nicht mehr spürte, begann ich, mich an Armen und Beinen mit dem Messer, der Schere oder am besten mit Rasierklingen zu schneiden. Mein psychischer Zustand verschlechterte sich so stark, dass ich glaubte, böse Stimmen zu hören, wo gar keine Stimmen waren. In meinem Alkohol- und Drogendelirium sah ich Sachen, die die gar nicht da waren. Am Schlimmsten war es einmal, als ich LSD nahm. Ich sah die Farben viel stärker und fester, als dies sonst der Fall war. Die Menschen, die ich sah, waren keine Menschen mehr, sondern Monster. Das passierte mir immer öfter, auch wenn ich kein LSD nahm. So kam ich zum Entzug in die Klinik."

Der Sozialarbeiter sagte nun zu uns: „Der Entzug ist vorbei. Irene hat keinen Alkohol und keine Drogen mehr bekommen. Der Entzug ist abgeschlossen. Wir müssen die Frau jetzt weiter platzieren. Allerdings muss ich sagen: Wir hatten bis jetzt kein Glück, einen geeigneten Platz für die junge Frau zu finden."

„Das glaube ich, dass Sie kein Glück hatten", meinte meine Frau und ging mit Tränen in den Augen zu Irene, umarmte sie und fragte: „Möchten Sie zu uns kommen?"

Auch Irene weinte leise vor sich hin, nickte und küsste meine Frau auf beide Wangen. Meine Frau blieb nun neben der Patientin sitzen und hielt sie fest an ihrem Arm.

Der Sozialarbeiter gab ein hörbares Aufatmen von sich, der Eintrittstermin wurde festgelegt. Ich fragte noch nach den Medikamenten. „Die werden wir Ihnen mitgeben, ich weiß im Moment nicht, was Frau Irene für Medikamente hat." Das war so das Übliche, wenn man in der Klinik nach den Medikamenten fragte.

„Ich habe noch eine letzte Frage: Ist mit dem Vater und dem Onkel von Irene nichts passiert?"

Der Sozialarbeiter: „Doch, die beiden wurden durch die Klinikdirektion dem Gericht gemeldet, aber bis jetzt kennen wir noch kein Urteil."

Bevor wir die Klinik verließen, hängte sich Irene nochmals an meine Frau und fragte: „Ich darf aber sicher kommen?"

„Ganz sicher. In einer Woche sind Sie ja schon bei uns. Versprochen ist versprochen."

Beim Verabschieden hatte die Frau Tränen in den Augen und drückte auch mir mit beiden Händen die Hand, was mich erstaunte nach den Erfahrungen, die sie mit Männern gemacht hatte.

Ein paar Tage später wurde uns Irene durch einen Psychiatriepfleger gebracht. Der übergab uns den Medikamentencocktail, indem er sagte: „Die Tabletten reichen für 10 Tage, bis dann müssen Ssie ihren Arzt konsultieren. Der ist dann weiter verantwortlich."

Diesen Spruch kannten wir auch. Der Pfleger brachte uns noch das wenige Gepäck ins Haus und wollte wieder verreisen.

„Wo ist der Austrittsbericht der Patientin?", wollte ich wissen.

Aus der Seitentasche des Autos nahm er einen Briefumschlag und übergab ihn mir: „Oh ja, den hätte ich beinahe vergessen."

Nachdem ich diesen hatte, verzog sich der Pfleger, ohne sich von Frau Irene zu verabschieden. Ich studierte die Medikamentenliste: Halaoperidol 15 mg, Imipramin 225 mg. Und noch einige Medikamente. Die Methadonkur war offenbar abgeschlossen, wie ich noch lesen konnte.

Man muss wissen, dass es vielseitige Beziehungen zwischen den beiden Symptomkomplexen von Sucht und Psychose gibt. Bevor der Patient zur Droge greift, sind vorgängig psychische Störungen bei diesen Personen vorhanden. Bei Irene war es der ständige Missbrauch durch die Familienangehörigen. Wenn jemand Kopfschmerzen hat, dann nimmt er ein Schmerzmittel, damit er von der Qual befreit wird. Menschen mit psychischen Störungen greifen eben oft zur Selbstmedikamentation. Dies sind meistens Alkohol, Drogen wie Heroin, Kokain und das viel verwendete Ecstasy.

Erfahrungsgemäß beträgt die Häufigkeit behandlungsbedürftiger seelischer Defekte in der Normalbevölkerung ca. 10 %, bei Alkoholabhängigen ca. 40 % und bei Drogenabhängigen ca. 65 %. Das zeigt auch die Mehrzahl der Notfälle in psychiatrischen Kliniken. Die ständige Einnahme von bestimmten Drogen kann zu psychotischen Begebenheiten führen. Oder sie können latent vorhandene Psychosen effektuieren.

Heroin löst kaum Psychosen aus. Aber die meisten Substanzen der Stimulantien, wie Anphetamine, Kokain, Cannabis, LSD und bestimmte Pilze (Psylozipin) können Psychosen entfesseln.

Diese Patienten haben oft optische Halluzinationen. Darunter versteht man klassische Sinnestäuschungen des Sehens. Die Erfahrungen zeigen uns, dass bei den Halluzinationen vor allem Farbsensationen da sind, die uns auch den charakteristischen Einfluss der Drogen zeigen. Zudem ist es auch ein wichtiger Hinweis auf ein psychisches Symptom. Die qualitativ größte Rolle unter den psychoseinduzierenden Stoffen ist tatsächlich der Wirkstoff von Haschisch und Marihuana, Cannabinol. Man muss aber auch wissen, dass gegenüber Nikotin das Krebsrisiko bei diesen Stoffen fünfmal höher ist.

LSD ist eine typisch halluzinogene Droge. Ecstasy löst zunächst ein Gefühl der Nähe zu anderen Menschen aus und baut soziale Ängste ab. Leider können heute viele Menschen nicht mehr miteinander kommunizieren. Die jungen Leute sind bereits schon durch die Schule oder den Beruf gestresst und finden schon aus diesem Grunde keine richtige Beziehung mehr zum Mitmenschen. Unsere geistige und soziale Verarmung nimmt katastrophale Züge an. Ecstasy erleichtert und enthemmt den Zugang zum Nächsten. Bei einigen Menschen kann es aber auch zu den entgegengesetzten psychischen Effekten kommen.

Nach einem längeren Intervall nach Drogenkonsum können Späteffekte auftreten, das sind die sogenannten Flashbacks, die nach Tagen oder Wochen auftreten können.

In der Krankengeschichte von Irene konnte ich lesen, dass sie notfallmäßig in die Klinik eingeliefert wurde. Sie war völlig verstört und unkooperativ, sprach von hell leuchtenden und blitzenden Farben. Sie war gegenüber dem Klinikpersonal sehr feindselig und sprach ständig davon, dass sie dies alles nicht mehr ertragen und einen Suizid machen wolle. Sie wolle aber durch die Qual schwerer körperlicher Verletzungen endlich einfach wieder ihren Körper spüren. Das gehe nur, indem sie sich umbringe oder ihren Leib schwer verletze. Im Verlaufe des Tages traten in Abständen die typischen Flashbacks auf, die auch nach der Entlassung aus der Klinik noch ganz vereinzelt kamen.

Während der Begrüßung merkten wir, dass Irene oft einen unsicheren Gang hatte und plötzlich das Gesicht verzog. Wir fragten sie, ob sie Schmerzen hätte?

„Ja, hin und wieder habe ich noch ekelhafte Krämpfe. Ich bin dann im Gehen unsicher und oft schmerzt einfach der ganze Körper. Es ist einfach ekelhaft."

„Diese Schmerzen werden Sie bald verlassen und Ihr körperlicher Zustand wird sich auch verbessern. Es braucht noch etwas Geduld und Zeit."

Beim ersten Gespräch sagte uns Irene: „Wissen Sie, ich weiß eigentlich nicht, warum ich noch zu Ihnen gekommen bin, denn alles hat doch gar keinen Sinn mehr. Irgendwann ist bei jedem Menschen Schluss. Und warum soll nicht ich meinem Leben ein Ende setzen? Wer will sich mit einer ehemaligen Hure abgeben? Wissen Sie, die Depressionen, die hin und wieder einfach da sind, die lassen mich einmal da draußen in den See laufen, schwimmen kann ich schon gar nicht. Was bin ich noch wert?" Es sind ganz entsetzliche Gedanken, die im Hirn von Irene herumspukten.

„Sie sind uns alles wert. Ich begreife, dass Sie mit Ihrer Vergangenheit nicht glücklich sein können und auch nicht glücklich sind. Aber wir haben Zeit, um miteinander eine neue Zukunft aufzubauen."

Ein paar Tage später machten wir mit Irene den Besuch bei unserem Arzt. Wir besprachen die Abgaben der Medikamente. Er kannte meine Einstellung zu den chemischen Wirkstoffen. Er fragte mich, was ich vorschlagen würde. Meine Antwort war: „Versuchen wir, langsam aus der Chemie herauszuschleichen."

„Gut, ich bin einverstanden."

Irene fragte dann mit ganz großen Augen: „Was geschieht dann, wenn ich wieder abstürze?"

„Dann sind wir da, um Sie zu begleiten uns Ihnen weiterzuhelfen. Wenn es Ihnen nicht gut geht, dann möchten wir einfach bei Ihnen bleiben, bis Sie sich wieder erholt haben. Sie müssen uns vertrauen, es wird Ihnen gar nichts geschehen."

Der Arzt verabschiedete sich von Irene, indem er ihr sagte: „Sie kommen jetzt nur noch zu mir, wenn es Ihr Wunsch ist. Ich bin überzeugt, dass es Ihnen bald besser geht, denn Sie sind gut aufgehoben im Haus zur Rebe."

Irene malte sehr gerne und viel. Eines Tages wurde ich in ihr Zimmer gerufen. Ich wollte meine Frau dabeihaben, denn ich wusste noch nicht, wie sie reagieren würde, wenn ich mit ihr allein im Zimmer gewesen wäre. Vorsichtsmaßnahme!

„Schauen Sie, wie diese Farben leuchten. Und sehen Sie, wie das zwischen diesem Rot und Grün blitzt. Und sehen Sie die Fratze, die sich hinter dem Grün versteckt?"

„Spricht die Fratze?", fragte ich.

„Ihre Augen blitzen mich an. Sie kommen und verschwinden. Das sollten Sie doch auch sehen! Es ist ein unheimlich verzerrtes Gesicht. Ich habe Angst."

„Sie brauchen keine Angst zu haben, meine Frau und ich bleiben bei Ihnen. Es kann Ihnen gar nichts geschehen. Wer ist oder wem gleicht das Gesicht, welches sich hinter dem Grün versteckt?"

„Hört Ihr jetzt das laute Grinsen dieser Maske? Genau so haben die Männer gegrinst und gelacht und ihr Gesicht verzogen, wenn sie ihre Befriedigung mit mir hatten. Genau so. Das halte ich nicht mehr aus. Die haben alle meinen Körper und meine Seele missbraucht. Das ist der Teufel, der mich holen will."

Meine Frau setzte sich neben sie aufs Bett und hielt ihren Arm. „Sie brauchen gar keine Angst zu haben. Hier holt Sie gar niemand heraus. Wir sind und bleiben bei Ihnen. Und einen Teufel gibt es bei uns auch nicht."

Eine Schwester merkte, dass in Irenes Zimmer etwas Unruhe herrschte, klopfte an und kam herein. Ich glaube, sie merkte sogleich, was los war und frage: „Soll ich ein Depot aufziehen?" Das heißt: Soll ich eine Spritze vorbereiten?

„Nein, nur das nicht im Moment. Irene wird sich beruhigen. Aber bitte bleiben Sie hier bei meiner Frau. Im Moment ist es sicher besser, wenn kein Mann hier ist."

Diese psychoseähnliche Erregung war nun ein typischer Späteffekt, ein sogenannter Flashback. Dieser Zustand dauerte ca. vier Stunden, bis sie die Frau wieder etwas beruhigt hatte. Nach diesem Erlebnis war Irene sehr müde und schlief ein. Eine weitere Betreuerin blieb bei ihr im Zimmer bis am nächsten Morgen und bis sie wieder hellwach und ansprechbar war.

Beim nächsten Gespräch entschuldigte sich Irene. Sie sei nicht mehr bei Sinnen gewesen.

Die Farben hätten nur so unheimlich geleuchtet. Ihre Angst sei sehr groß gewesen und die Gesichter aller seien auch so komisch gewesen. Das Stöhnen und Grinsen war aber das Schlimmste. Alle Bettgeschichten seien wieder in ihr hochgekommen.

„Wissen Sie noch, ob die Fratzen oder Masken jemandem geglichen haben?"

„Das Dröhnen in meinen Ohren war derart stark, dass ich nicht mehr auf sie hören wollte. Und alle Gesichter um mich herum sahen auch so komisch aus. Selbst vor den Frauen hatte ich zeitweilig Angst. Beim nächsten Mal weiß ich, dass ich nicht allein sein muss und dass mir gar nichts geschehen kann. Ich habe jetzt auch nicht mehr so große Angst, wenn das wieder passieren sollte. Ach ja, das Gesicht, die Fratzen. In diesem Gesicht sind alle Männer enthalten gewesen, die mich missbrauchten. Einmal war's dieser und einmal jener. Das Schlimme ist, dass man diese Qualen auch körperlich durchleben muss."

„Möchten Sie in einem solchen Moment, dass Sie ein leichtes Medikament bekommen? Die Medizin der Klinik ist ja bereits abgesetzt, denn Sie sind ja schon einige Wochen hier bei uns. Dann haben Sie vom Teufel gesprochen. Ich gebe Ihnen hier ein Buch zum Lesen. Es heißt: Das theologische Ungeheuer, geschrieben von Peter Maslowski 1978. Wenn Sie das gelesen haben oder lesen möchten, dann wissen Sie, wie man über den Teufel auch denken kann."

„Gerne, ich lese das Buch. Medikamente möchte ich nicht mehr. Lieber nochmals einen solchen Anfall, den ich überstehen kann, wenn ihr bei mir bleibt. Das nächste Mal können Sie ruhig mit Ihrer Frau bei mir bleiben. Ich merke, ich habe jetzt schon viel weniger Angst."

„Ihr Gehirn ist durch die Drogen und den Alkohol sehr gestresst worden. Aber wie sich ein müder Körper erholen kann, so kann sich auch das Hirn erholen. Malen Sie nicht mehr weiter?"

„Doch, ich möchte schon, ich muss nur diese Schwierigkeiten überwinden. Ich habe jetzt gesehen und gespürt, dass ich nicht allein bin, wenn der Kampf losgeht. Ich möchte, sobald das geht und Sie es auch für gut befinden, die Kunstgewerbeschule besuchen."

„Das freut uns sehr. Aber Sie wissen, dass gerade in dieser Gegend der Drogenhandel sehr belebt ist."

„Davor haben Sie nun Angst?", fragte sie mich.
„Ehrlich gesagt ja. Aber das heißt gar nicht, dass wir diesen Versuch nicht starten wollen. Melden Sie sich nur an. Sie müssen, glaube ich, noch eine Aufnahmeprüfung machen."
„Ich möchte vorerst nur einige Fächer belegen. Ich muss ja selber sehen, wie es dort zugeht."

Nachdem sich Irene angemeldet und auch ein Vorstellungsgespräch geführt hatte, bei dem sie auch einige ihrer Arbeiten zeigen musste, bekam sie nach einiger Zeit den Bericht, dass sie mit neuem Schulanfang die gewünschten Kurse belegen könne.

Wir hatten noch viele Einzel- und Gruppengespräche, die ich ja – wie schon einmal erwähnt – mit dem Einverständnis unserer Klienten immer auf das Tonband aufzeichnete. So konnten wir immer wieder überprüfen, wie und wann sich unsere Meinungen änderten oder gleich blieben.

Irene erzählte, dass sie nach dem Missbrauch folgende Gefühle hatte: „Wissen Sie, ich kam mir vor wie ein Apfel, in den alle beißen und das Beste und den ganzen Saft in sich hineinschlürften. Aber was ist von mir übrig geblieben? Nur noch das harte Gehäuse und der Wurm, der im Apfel verborgen war. Da ich mich selber furchtbar hasste und ich mich selber nicht mehr ausstehen konnte, schlüpfte ich einfach in andere Identitäten. Ich selber konnte und wollte mich mit mir selber nicht mehr identifizieren. Damit ich leichter in eine andere Rolle schlüpfen konnte, oder besser gesagt, damit ich meine verhasste Identität besser wechseln konnte, waren mir der Alkohol und die Droge eine große Hilfe. Aber wissen Sie, mein Schuldgefühl, meine Scham, meine Trauer, die ich über meinen geschändeten Körper hatte, musste einfach mit Alkohol und Drogen ersäuft werden. Wie hätte ich das sonst aushalten können?"
„Wie stehen Sie heute zu Ihrem Körper?", fragte ich.
„Mein Körper ist ausgebrannt. Ich glaube kaum mehr, dass ich noch mit einem Mann schlafen könnte. Schon wenn ich daran denke, wird es mir kotzübel! Aber ich merke hier,

dass ich wieder als vollwertige Peron ernst genomnen werde. Das tut mir gut. Ganz langsam kommen mein Selbstwertgefühl, mein Selbstbewusstsein und meine Handlungsfähigkeit wieder. Aber Sie müssen schon noch etwas Geduld haben mit mir, ich bin noch nicht ganz über den Berg und werde wahrscheinlich diesen Makel auch mein Leben lang mit mir herumschleppen müssen. Ich weiß noch nicht, ob ich überhaupt noch ein normales Leben führen kann. Aber ich merke, dass mein Leben bereits schon in Ihrem Hause eine andere Qualität bekommen hat. Oft ist es so, als müsste ich noch einzelne Teile meiner Seele stückweise zusammensuchen. Es gelingt mir aber nicht immer, diese Teile so zusammenzufügen und zu finden, dass ich wieder ICH bin."

„Wir werden Ihnen helfen, dass Sie Ihr ICH wieder als eine gesunde Einheit fühlen können. Denn Sie haben ja sehr klare Vorstellungen und Gedanken. Und man merkt auch, dass Sie wollen und Ihrem Leben einen ganz neuen Sinn geben möchten. Ich finde es sehr gut, dass Sie auch über Ihre Vergangenheit und Ihren inneren Zustand sprechen können. Für Ihr Vertrauen möchte ich Ihnen ganz herzlich danken."

Irene: „Ich bin sehr froh, dass man mich hier versteht. Wissen Sie, wann bei mir das Vertrauen gekommen ist? Erst war es noch weg und dann mit der Zeit kam es immer näher."

„Das würde mich jetzt sehr interessieren, wann Sie das erste Mal gespürt haben, dass wir Sie für einen liebevollen und wertvollen Menschen gehalten haben."

„Das war in der Klinik, als mich Ihre Frau – obwohl sie noch nicht viel von mir wusste, und was sie wusste, war sicher nicht schön – in die Arme nahm. Es war mir, als ob eine herrliche Wärme durch mich strömte. Es war für mich, als ob ich von einer liebenden Mutter in die Arme genommen würde. Ich fühlte meinen Körper wieder nach sehr langer Zeit. Von diesem Moment an habe ich etwas von meiner schrecklichen Kälte verloren."

„Haben Sie das einmal meiner Frau gesagt?"

„Nein, aber ich will es noch nachholen. Es kam mir so vor, als ob ich als Kind endlich von einer Mutter in die Arme genommen würde. Von meiner Mutter habe ich nur Schläge und böse Worte erhalten. Dafür aber rannte sie jeden Tag in die Messe."

Als Irene dieses Erlebnis meiner Frau erzählte, war auch sie sehr gerührt, und sie soll sie offenbar gerade wieder in die Arme genommen haben.

Es gab noch einige Male kleinere Rückfälle, bei denen Irene intensiv von uns allen begleitet wurde und wir einige Stunden mit ihr verbrachten. Immer wieder verweigerte sie die Einnahme eines Medikaments mit der Begründung: „Ich will mich spüren. Ich will mich erleben. In meinem Körper ist durch den Missbrauch und durch die anfänglich vielen Medikamente genügend abgestorben. Ich bin genügend sediert worden. Ich will wieder ich sein, auch wenn es noch sehr schmerzt. Ich bin froh, dass ich nicht alleine sein muss und nicht isoliert werde."

Wir stellten bei allen unseren Patienten fest, dass diese Begleitung Wunder wirkte. Die seelisch schwer verletzten Menschen konnten zu ihrer Umwelt wieder Vertrauen fassen, und alle wussten, dass sie in den schlimmsten Situationen nicht allein gelassen wurden.

Das Vertrauen, das wir von unseren Klienten erfahren durften, die körperlich und seelisch positiven Veränderungen der uns anvertrauten Menschen gaben uns den Mut und die Kraft, außerhalb des Dienstplanes und ohne Uhr zu arbeiten.

Immer wieder konnte ich bei den Supervisionen hören, dass die beste Entschädigung doch die sei, dass es allen Patienten, wenn auch nach längerer Wartezeit, immer besser gehe. Alle freuten sich über den Erfolg, zu dem jeder Einzelne des Teams beigetragen hatte. Wir hatten zum guten Glück auch langjährige Mitarbeiter.

Der Gesundheitszustand von Irene verbesserte sich fortwährend. Trotz unserer Bedenken, dass der Drogenkonsum auf der Straße noch anzutreffen war, schickten wir sie in die Schule. Irene konnte sich von den Drogen wie vom Alkohol fernhalten, und es gab diesbezüglich gar keinen Rückfall. Obwohl vielfach die Schulstunden auf die Abende verlegt waren, kam die junge Frau nach Stundenschluss direkt nach Hause. Männerbekanntschaften machte sie keine. Immer wieder konnten wir von ihr hören: „Nein, mein Körper wird nie mehr einem Mann gehören, der ist für die Männer tot. Ich pflege jetzt meinen Körper allein für mich. Wenn ich genügend Geld verdiene, kaufe ich mir schöne Unterwäsche und Kleider und Salben. Mein Körper gehört nur noch mir."

Irene pflegte mit einem männlichen Patienten in unserem Hause ein sehr gutes freundschaftliches Verhältnis. Es blieb eine Freundschaft wie bei Bruder und Schwester. Es war eine sehr schöne Freundschaft, aber es gab nie einen körperlichen Kontakt. Ihr Freund sagte mir einmal traurig: „Es gibt nicht einmal einen Kuss."

Auf meine Frage, warum die Freundschaft nicht mehr werden könne, sagte die Frau ganz offen: „Ich will nicht mehr. Ich habe so große Angst und Ekel vor einem näheren Kontakt, dass ich sehr gerne darauf verzichte."

Ich fragte neugierig: „Könnte sich das nicht doch einmal ändern?"

„Nein, meine Albträume, die ich noch oft nachts habe, die möchte ich nie mehr in Wirklichkeit erleben. Können Sie das begreifen?"

„Ja sicher, das kann ich sehr wohl."

Irene entwickelte sich wieder zu einer sehr hübschen Frau, der es an Verehrern nicht fehlte. Sie hatte von sich aus auf jeglichen Konsum von Medikamenten verzichtet. Alkohol und Drogen wurden genauso verabscheut wie die körperliche Liebe. Später besuchte sie noch bei einer sozialen Institution einen Kurs, um ältere und behinderte Menschen zu besuchen, damit sie ihnen mit verschiedenen Dienstleistungen beistehen oder auch einfach aus einem Buch vorlesen konnte – oder um die einsamen Menschen einfach ein wenig zu unterhalten. Zum Glück fand sie auch den Weg zu einer ihrer Schwestern wieder. Als diese ein Kind bekam, hatte sie große Freude und durfte sogar die Taufpatin des Mädchens werden. Sie äußerte sich: „Es ist sehr schön, ein Patenkind zu haben, und ich hoffe, ihm viel Gutes auf seinen Lebensweg mitgeben zu dürfen, aber ein eigenes Kind möchte ich trotzdem nicht. Freunde haben ist schön, aber einen Mann, nein." Tränen liefen ihr über die Wangen.

Das Leid und die Schmach, die der Frau zugefügt wurden, haben sehr tiefe Verletzungen in ihrer Seele und im Körper hinterlassen.

Und nun das bittere Ende

Zuerst führten meine Frau und ich das Haus zur Rebe unter einer AG. Später wandelten wir die AG in einen gemeinnützigen Verein um. In der AG und später auch im Verein lag mein gesamtes Alterskapital. Ohne dieses Geld hätten wir das Haus zur Rebe nicht über die Runden gebracht. Der Verein wurde von einem Vorstand geführt, den ein Kaufmann und ein Architekt, ein uns sehr nahestehender junger Mann, der eine sehr gute Ausbildung hatte, bildeten. Präsident war der Kaufmann, aber das Sagen hatte der Architekt.

1999 fuhr ich mit meiner Frau ins Tessin. Auf der Fahrt dorthin bekam ich einen Herzinfarkt im Auto. Über die ganze Brust hatte ich einen unheimlichen Schmerz, der mich zu zerreißen drohte. Als wir bei der Familie, die wir besuchen wollten, angekommen waren, telefonierte die Gastgeberin sogleich mit dem Arzt. Der nahm mich zuerst in seine Praxis und dann landete ich auf der Intensivstation des Spitals in Lugano. Ich war einige Wochen außer Gefecht gesetzt. Meine Frau war in der Ferienwohnung in Ascona, von der ich berichtet habe, und besuchte mich tagtäglich im Spital.

Man musste mir noch einen Stand einsetzen. Das war dazumal noch nicht möglich im Tessin, und ich wurde zu diesem Zweck ins Hirslandenspital in Zürich verlegt. Dort war ich zwei Tage und musste dann wieder zurück nach Lugano. Natürlich begleitete mich auch hier meine Frau.

Ich hatte mit der Umwandlung von der AG in einen gemeinnützigen Verein die Leitung des Hauses zur Rebe aus meinen Händen gegeben. Der Verein konnte das ganze Haus und die Aktien von unserer AG übernehmen.

So um alle Ecken herum mussten wir erfahren, dass sich langsam ein Mitarbeiter nach dem anderen von unserem Haus zur

Rebe verabschiedete. Dann mussten wir hören, dass auf unserem Land ein Baugespann aufgestellt wurde. Nun erkundigte ich mich bei dem uns nahestehenden jungen Mann, was denn überhaupt los sei.

Dieser gab mir dann einen Bauplan, der von unserem Vereinsarchitekten entworfen wurde. Es war ein Mehrfamilienhaus mit 5 schönen Wohnungen und direktem Blick auf den Zürichsee. Es wurde meiner Frau und mir mitgeteilt: „Das Haus zur Rebe rentiert nicht mehr. Einige Mitarbeiter suchten sich einen anderen Platz und einigen wurde gekündigt, und wir bekommen auch keine neuen Patienten mehr. So hat der Architekt Herr G. mir versprochen, er werde uns kostenlos ein Bauprojekt entwerfen." Ich muss gestehen: Das Bauprojekt war sehr schön und das Gelände sehr gut genutzt. Da die Lage unseres Hauses eine sehr schöne Seesicht bot, bemerkte das unser Architekt ebenfalls. Er glaubte natürlich, mit einem Neubau einen guten Treffer zu machen. Ihm waren nicht unsere Jugendlichen wichtig und unsere Arbeit. Sein Geldsack war ihm wichtiger.

Da unsere Nachbarschaft glaubte, unser Heim sollte vergrößert werden und weil sie sowieso schon Angst hatten, ihre Häuser hätten an Wert verloren – wegen der vielen „komischen Menschen", die da wohnten –, gab es nun eine Einsprache nach der anderen gegen das Bauprojekt. Man erklärte dem Architekten, dass unmittelbar vor dem Neubau ein größeres Geschäftshaus gebaut würde, dass die Seesicht nehmen würde. Kurz: Das Haus zur Rebe wurde geschlossen und kurzerhand auch verkauft. Der Neubau kam nicht, aber nach der Schlussabrechnung verlangte der Architekt von unserem nahestehenden, jungen und unerfahrenen Mann eine Summe von über 100.000 Franken, obwohl er versprochen hatte, das Bauprojekt kostenlos zu erstellen. Die Kasse war leer, die Patienten waren weg, das Haus war weg, mein Aktienkapital und meine Altersvorsorge hatten sich auch in Luft aufgelöst. Zum ganz großen Glück blieb mir noch meine Frau, und dafür werde ich ihr ewig dankbar sein.

Ich habe Ihnen hier einiges aus unserem Leben erzählt, von einer wunderschönen Arbeit mit meiner lieben Frau, unserer Tochter Maria-Elisabeth und unseren treuen Mitarbeitern, zu denen wir heute noch Kontakt haben und denen wir für ihre treuen Dienste sehr dankbar sind. Damit nehmen wir Abschied von einem Lebensabschnitt, der uns forderte, der uns aber auch eine unendliche Befriedigung schenkte, die wir nie missen möchten. Allen unseren lieben Patienten und unseren tollen Mitarbeitern ganz herzlichen Dank für die wertvollen Stunden und Zeiten, die wir mit ihnen zusammen erleben durften.

Literatur

1. Lechworth, William P.: The Insane in Foreign Countries, New York 1889, S. 172
2. Ernst, K.: Geisteskrankheiten ohne Institution: eine Feldstudie im Kanton Fribourg aus dem Jahr 1875, Schweizer Archiv für Neurochirurgie und Psychiatrie 1983, S. 239–262
3. Caradec, Louis: Topographie médico-hygiènique du département du Finistére, Brest 1860, S. 335
4. Dix, Dorothea L.: Report to the Leguslature of Massachusetts of Jan. 1843, Neuauflage New York 1971, S. 5–6
5. Reil, Johannes Christian: Rapsodien über die Anwendung der psychischen Curmethode auf Geisteszerrüttungen, Halle 1803, Neuauflage Amsterdam 1968, S. 14
6. Hunter und Macalpine: Three Hundred Years of Psychiatry, S. 402
7. Battie, William: A Treatise on Magness, London 1758, S. 68–69
8. Ebenso S. 93
9. Pinel, Philippe: Traité médico – philosophique sur l'aliénation mental. 2. Ausgabe, Paris. S. 252–253 (Übersetzt wurde das Buch in Wien 1801 mit dem Titel: Philosophisch – medizinische Abhandlung über Geistesverwirrung oder Manie
10. Weiteres können Sie bei Christian Müller: Vom Tollhaus zum Psychozentrum: Vignetten und Bausteine zur Psychiatriegeschichte in zeitlicher Abfolge, Hürtgenwald 1993, nachlesen
11. Rush, Benjamin: An Inquiry into Influence of Physical Causes upon the Moral Faculty 1786, in Rush „Medical Inquiries and Observations" 4 Bd. Philadelphia 1815, (Neuauflage 1972 Bd. 1. S. 93–124)
12. Rush, Benjamin: Medical Inquiries and Observations upon the Diseases of the Mind, 1812, S. 15
13. Schorter, Edwart: Geschichte der Psychiatrie, Berlin 1999, S. 34

14. Rush: Medical Inquiries Mind, S. 241–242
15. Vocke, Friedrich: Ein Beitrag zur Frage, ob die Zahl der Geisteskranken zunimmt, PNW 8, 16. Feb. 1907, S. 428
16. Lomax, Montagu: The Experiences of an Asylum Doctor, London 1921, S. 14, 41, 206
17. Wagner, Julius: Der Rechtsschutz der Geisteskranken, Wiener Klinische Wochenschrift 14, 23. Mai 1901
18. Ebenso
19. Pinel und Haslam
20. Bleuler, Manfred: Lehrbuch der Psychiatrie, 15. Auflage, Sprinder Verlag 1993, Berlin, Heidelberg, New York, 1983 S. VIII
21. Stein, Rosemarie: Ein Blick in die Werkstatt der Forschung über Schizophrenie, Tages Anzeiger 27. Jan. 1987
22. Möller, Laux, Kapfhammer: Psychiatrie, Psychosomatik, Psychotherapie, 4. Auflage 2011, Band 2, S. 216
23. Petrie, Asanath/le Beau Jaques: The effects on personality of chlorpromazine as compared with various brain operations, In: Encéphale 45 (1956) 4, S. 987–995
24. Tremblau: Diskussionsbemerkungen. In: Haase, Hans Joachim (Hg) Psychopharmakotherapie. Optimale Dosierung der Neuroleptika, Erlangen 1982
25. Simonson, George M./Neurotocidty of major tranquilizers, In: Roizin, Leon/Shiarki,Hirotusugu/Grcevic,Nenand (Hg.) „Neurotoxicoligy" New York 1977 S. 1–7
26. Feldman, Paul E.: An analysis of the efficiacy of diazepam. In: Journal of Neuropsychiatry 3 (1962) Suppl. 1, S. 62–67
27. Sevmour Fischer & Roger Greenberg 1989 & 1993, siehe P. Lehmann: Schöne neue Psychiatrie, B. 1, Antipsychiatrieverlag, Berlin 1996
28. Vortrag von Dr. med Rothschild, Psychiater in Zürich, gehalten an einer Versammlung Vereinigung Angehörigen von Schizophreniekranken, Tages Anzeiger 1. Juni 1987
29. Krausen, R.: Zur Theorie der Individualpsychologie/ Wörterbuch der Individualpsychologie/Reinhardt, Brunner, Titze 1995
30. Windgassen, Klaus: Schizophreniebehandlung aus der Sicht des Patienten, Heidelberg 1989

31. Tölle, Rainer: Psychiatrie, sechste, neu verfasste und erweitere Auflage, Springer Verlag Berlin, Heidelberg, New York 1882, S. 180
32. Scharfetter, Chr.: „Schizophrene Menschen", Psychologie Verlags Union GmbH Weinheim 1999
33. Pfeifer, Samuel: „Die Schwachen tragen", Brunner Verlag 1988
34. Rufer, Marc: „Irrsinn Psychiatrie", Zytglogge Verlag, Bern 1988
35. Streitgespräch in der Coop-Zeitung: Die Macht der Psychiatrie, August 1990
36. Wie oben
37. Ernst, Cécile: „Psychische Leiden wegen der Psychiatrie?" Neue Zürcher Zeitung, 23. Februar 1989
38. Greil, Waldemar/Schmidt, Stefan: „Absetzsyndrome bei Antidepressiva, Neuroleptika und Lithium." In: MMW 130/1988; 41 S. 704–707
39. Ernst, Cécile: Neue Zürcher Zeitung, 13. Nov. 1988
40. Thiele, R: „Triflurpromazin als Tranquilans und Antimedikum in der inneren Medizin." In: Medk. 60, 1965, S. 37
41. Rothschild: „Seele in Not, was nun?" Fachverlag AG, Zürich
42. Klaus, Thomas: „Suizid und Suizidversuche bei Jugendlichen", Berlin
43. Goldmann-Posch, Ursula: „Wenn Mütter trauern" Kindler Verlag GmbH, München 1988, S. 75
44. De Perico, Guy: „Schizophrenie – Gewitter im Gehirn", Report Nov. 1988
45. Prof. Amus Finzen, Leiter der sozialpsychologischen Abteilung, Basel
46. von Trotha, Thilo: „Persönliche Beweggründe für antipsychiatrisches Handeln" In: 541, S. 413–417
47. Jost, Kenneth „The right to say no." In: ABA Journal 1990 2, S. 72–76
48. Hell, Daniel: „Umstrittene Schizophrenieproblematik", Neue Zürcher Zeitung, No. 40, 7. Feb. 1989
49. Grün, Anselm: „Buch der Lebenskunst", Verlag Herder, Freiburg im Breisgau 2002, S. 32
50. Pschychrembel, Willibald: Auflage 185–250

51. Frankl, V.: „Der leidende Mensch", R. Piper & Co., München 1990
52. Lukas, Elisabeth: „Auch dein Leiden hat Sinn", Herder Freiburg, Basel, Wien 1, 1994, S. 88–87
53. Blumenthal, Erik: „Verstehen und verstanden werden" (Verlag?)
54. Moser, Tilmann: „Gottesvergiftung", Suhrkamp Verlag, Taschenbuch 1980
55. Blumenthal, Erik: „An sich selber Glauben." Horizont-Verlag 1998
56. Windgassen, Klaus: „Schizophreniebehandlung aus der Sicht des Patienten", Heidelberg 1989
57. Rufer, Marc: „Psychopharmaka absetzen", Peter Lehman Antipsychiatrieverlag 1998
58. Redlich, Freedman: „Theorie und Praxis der Psychiatrie", Frankfurt/M 1970
59. Adler 1920/1974
60. Shulmann, B. H.: „Individualpsychologische Schizophreniebehandlung", München 1980
61. Kramer, H. C.: „Häufigkeit und Bedeutung von Minderwertigkeitsgefühlen in Psychosen", Int. Z. f. Individualpsychologie, 1947

Der Autor

Otto Müller-Hofer wurde 1927 in Zürich geboren und wuchs in Uetikon auf, wo er eine glückliche Jugend erlebte. Nach einem Psychologiestudium und der Ausbildung zum klinischen Psychologen folgte die Gründung der Stiftung „Zur Palme", später „Haus zur Rebe", für psychisch kranke Männer und Frauen im Alter von 15–32 Jahren. Ihm ist es wichtig, Zeit zum Zuhören zu schenken, und besonders liegt ihm am Herzen, Menschen mit Behinderung helfen zu können.

Er ist seit 65 Jahren mit seiner wunderbaren Frau verheiratet, sie haben eine Tochter und einen Sohn, der verstorben ist.

Der Verlag

„ *Wer aufhört besser zu werden, hat aufgehört gut zu sein!*

Basierend auf diesem Motto ist es dem novum Verlag ein Anliegen neue Manuskripte aufzuspüren, zu veröffentlichen und deren Autoren langfristig zu fördern. Mittlerweile gilt der 1997 gegründete und mehrfach prämierte Verlag als Spezialist für Neuautoren in Deutschland, Österreich und der Schweiz.

Für jedes neue Manuskript wird innerhalb weniger Wochen eine kostenfreie, unverbindliche Lektorats-Prüfung erstellt.

Weitere Informationen zum Verlag und seinen Büchern finden Sie im Internet unter:

w w w . n o v u m v e r l a g . c o m